Gerlind Bruhn
Grafikerin
Vosskamp 13
2000 Hamburg 61
Tel. 550 45 54

Natürlich haben wir nach dem Manuskript der Sendung gefragt, aber das existiert ja leider nicht. Gibt es ein Tonband/Buch etc. davon, das ich kaufen könnte? Oder wird sie wiederholt?
Dies ist bloß eine Anfrage – wenn nichts klappt, möchte ich Ihnen wenigstens sagen, WIE SEHR wir die Sendung genossen haben und wie nachdrücklich sie uns mein bayerisches Nest bewußt gemacht hat... ich lebe seit 10 Jahren in Hamburg (!).
Ich erinnere mich an eine ähnliche Alkoholikersendung von Ihnen, das ist aber fast 15 Jahre her.
Soviel für heute – mein Brieferl soll bloß ein Dankeschön sein und der Hoffnung Ausdruck geben, daß wir noch VIEL von Ihnen hören!

Ihre Gerlind Bruhn

Bankverbindung: Commerzbank Hamburg. BLZ 200 400 00. Konto-Nr.: 3 822 368

Josef Fendl · Das große Lesebuch

Josef Fendl

Das große Lesebuch

Verlag Attenkofer

Meinen Enkelkindern
Johannes und Matthias

ISBN 3-931091-19-8

Umschlagbilder:
Satz und Druck: Cl. Attenkofer'sche Buch- und Kunstdruckerei,
94315 Straubing

Inhaltsverzeichnis

Glossen

Ernstere Gedichte

Erinnerungen

VORWORTE

Texte

Da unser Vater schon als Schulbub von seinen Eltern zu den verschiedensten Arbeiten herangezogen wurde, besaß er großes handwerkliches Geschick. Er war ein „Bitzler“, wie man bei uns im Wald sagt, das bedeutet, daß er zahlreiche manuelle Fähigkeiten hatte, die uns mindestens ebenso viele Handwerker ersparten. Er war Landwirt, Maurer, Zimmermann, Schreiner, Schäffler, Schuster, Anstreicher und Besenbinder in einer Person. Kriegsgefangenen Franzosen zimmerte er hölzerne Koffer, in denen sie nach dem Krieg ihre wenigen Habseligkeiten nach Hause schaffen konnten; mir, dem schlacksigen Studiosus, baute er ein Zimmer unter das Dach des Hauses, und unserer Tante Marie hatte er gar einen kompletten Kammerwagen geschreinert. Er zäunte Zieseln und Kürben und fertigte Leitern, die länger waren als die Bäume, an die sie gelehnt werden sollten; er verstand es, Fässer zu binden und Schuhe zu flicken. Vor allem zu dieser letzteren Tätigkeit benötigte er – das wußten wir schon, seit wir denken konnten- Texte.

Diese Texte waren kleine Nägel, nicht größer als Tannennadeln, – es gingen wohl hundert von ihnen auf ein halbes Pfund, – der einzelne nichts wert, aber eben doch notwendig, um eine bestimmte Aufgabe zu erfüllen.

So kam es, daß ich über Texte Bescheid wußte, noch bevor ich zur Schule ging und dort mit literarischen Sequenzen der unterschiedlichsten Provenienz konfrontiert wurde,- Texten von ganz anderer Bedeutung als ich sie aus meinen Kindertagen kannte.

Erst viel später machte ich mir Gedanken darüber, woher jene frühe Sinngebung wohl kommen mochte. In Johann Andreas Schmellers Wörterbuch fand ich, daß der Begriff sprachgeschichtlich verwandt sei mit Dächsen (oder Daxn), Ästen und Zweigen von Nadelhölzern, besonders von Fichten und Tannen. Manchmal – so las ich dort – meine Dächsen allerdings auch nur die bloßen Tannennadeln. Ich erfuhr, daß „dechsen" soviel bedeutet wie abhauen, abspalten, und daß im Böhmischen „tesati" so viel wie „behauen" heißt. Aus der gleichen Wortfamilie stammt dann wohl auch die Deichsel und der Dechsel, – ein Stück Eisen, das in den alten Mühlen unseres Vorwalds den Mahlstein in Bewegung setzte.

Das lateinische „textus", das die (sinnvolle) Vielfalt eines Gewebes oder Geflechts meint, wurde schließlich auf die geordnete Vielfalt von Buchstaben übertragen, – einzeln nahezu nichts wert, aber in geordneter Reihe doch ein Ereignis, mit dem die kleine und die große Welt chiffriert und dechiffriert werden können. Spätestens hier aber – so scheint es mir – berühren sich die Texte aus der Werkstatt des Vaters mit den Versuchen des Sohnes, die Umgebung erfahrbar und vielleicht sogar begreifbar zu machen.

Der Lesestoff meiner Kindheit

Was den Lesestoff meiner Kindheit betrifft, so war er so durchwachsen, wie es nur das Wetter im April sein kann. Mindestens fünf literarische Produkte unterschiedlichster Provenienz haben meine frühen Lesejahre geprägt.

Da wären als erstes die Banderolen um die Franckhs-Malzkaffee-Stangen zu nennen. Wenn man sie aufriß, oder besser, einer punktierten Linie entlang aufschnitt, fand man auf der Innenseite ein Märchen der Gebrüder Grimm oder von Ludwig Bechstein. In Ermangelung einer anderen Sammlung war dies meine erste Begegnung mit der Welt der Riesen und Zwerge, der holden Feen und der bösen Schwiegermütter.

Es bedurfte vieler Bitten und sehnsüchtiger Fragen, bis ich mir für ein paar Pfennige den kleinen, aber für ein geordnetes Sammeln notwendigen kaffeebraunen Hefter kaufen durfte. Da wir natürlich in unserem bescheidenen Haushalt keinen Locher hatten (ich dieses Instrument übrigens gar nicht kannte und deshalb auch nicht vermißte), stach ich mit einer spitzen Schere (im gebührenden Abstand) zwei Löcher in das jeweilige Blatt – fast eine Präzisionsarbeit für einen sieben- oder achtjährigen Buben. Es dauerte zwar, aber mit der Zeit läpperte sich auf diese Weise eine ganz ansehnliche Märchensammlung zusammen.

Einmal wurden in unserer Volksschule Probehefte der HJ-Zeitschrift „Hilf mit" ausgeteilt. Ich hätte sie gerne bezogen. Aber der Vater, der schon von Anfang an eine gesunde Abneigung gegen die nationalsozialistische Ideologie hatte, erlaubte es mir nicht, die Hefte zu bestellen. Ich bedauerte das sehr, denn in jenem Probeheft stand eine schöne Geschichte: Wie der Schmied von Jüterbog den Teufel ausschmierte.

In meinem Elternhaus gab es auch immer alte Zeitungen, obwohl wir keine abonniert hatten. Sie waren Bestandteil der Entlohnung für die harten Ernte-Tagwerksarbeiten, die mein Vater beim Bürgermeister, dem größten Bauern im Dorf, verrichtete. Ich habe zwar auch eifrig in diesen Blättern herumgelesen, aber sicher das wenigste davon verstanden, denn ich wüßte nicht, was mir davon in Erinnerung geblieben wäre. Den Satz, daß es nichts Älteres gibt als eine Zeitung von gestern, kannte ich damals noch nicht.

Anders verhielt es sich mit der Zeitschrift Die Woche, die meines Wissens im Ullstein Verlag in Berlin erschien. Mein Vater erhielt ganze Jahrgänge dieser Publikation auf Vermittlung des Bürgermeisters aus dritter Hand, genauer: von den beiden Postfräuleins, die der Bürgermeister gerne zu einem Kaffee-Plausch aufsuchte. Die Hefte beeindruckten mich schon allein der vielen Bilder wegen. Manche Serien sind mir bis heute in Erinnerung geblieben, so zum Beispiel der Bericht über den Fund der Überreste von Andrees Ballonflug zum Nordpol oder über den Negus Haile Selassie in Abbessinien. Manche Überschriften und Titel prägten sich mir wegen ihrer Unverständlichkeit ein („Mandschukuo braucht Bräute"), andere wegen ihres Absolutheitsanspruchs („Alle Wasser Böhmens fließen nach Deutschland"). Nur schade, daß ich damals noch zu wenig von kulturellen Themen verstand und mich die Strecke einer Staatsjagd in Hermann Görings Schorfheide mehr beeindruckte als Gustaf Gründgens „Mephisto".

Von irgendwoher muß es uns auch einen Band „Fliegender Blätter" ins Haus geweht haben. Auf Anhieb kann ich mich allerdings nur noch an verschiedene Serien humoristischer Zeichnungen von Adolph Oberländer erinnern, zum Beispiel an die von dem Handwerksburschen, der zwischen die herabgerissene Sohle und das Oberteil seines Schuhs Körner gestreut hatte, Hühner herankommen und dann die „Falle" zuschnappen ließ.

Meine Vorliebe für Gebrauchsgraphik einerseits sowie Situationskomik andererseits führe ich zu einem nicht geringen Teil auf diese Bildfolgen zurück, bei denen man auch schlußfolgernd denken können mußte, um sie zu verstehen. Den unbestritten ersten Rang nimmt aber der „Straubinger Kalender" ein, der in meinem Leben eine nicht unbedeutende Rolle spielte; gehörte er doch (neben den bereits erwähnten Banderolen um Franckhs-Malzkaffeestangen) zum ersten Lesestoff eines Waldlerbuben, der 16 Jahre alt werden mußte, bis er sein erstes Buch geschenkt bekam. Wegen seines interessanten volkstümlichen Inhalts hatte er bald meinen ersten Schulbüchern den Rang abgelaufen. Inzwischen sind viele Jahre ins Land gegangen, und ich habe die mannigfaltigsten Lesestoffe in Händen gehalten und auch selbst ein paar Dutzend Bücher herausgegeben. Aber das „Erstgeburtsrecht" als Print-Medium, wie man wohl heute sagt, bleibt dem „Straubinger Kalender" erhalten.

HEITERE GEDICHTE

Lokaltermin

„Soll jetz dös a Habern sei?“
hat dersell Mesner
bei der Flurprozession
zum hölzernen Herrgottn gsagt
und hat´n ins Feld einighaltn.

Qualitätskontrolle

„Der Wein is zschlecht
für a heilige Mess“,

hat dersell Pfarrer
zum Mesner gsagt,

„der taugt ja net amol
für a protestantisches Abendmahl!“

Veterinärisches

„A Fleischkontrolle hat s
frühers aa scho gebn“,
hat dersell Bauer gsagt.

„Wenn mir gschlacht habn,
habn mir am Pfarrer und am Lehrer
allerweil a Stückerl gebn davo,

und wenn nachher der Pfarrer
am Sonntag af der Kanzl
gstandn is und der Lehrer

am Montag Schul ghaltn hat,
nachher hat am Fleisch
nix gfehlt...!“

Nachfrage

„Oma, geh außer!“
hat dössell Wirtsdeandl
in d Küch einigschrien,
„da is oaner da,
der sagt, eahm
hungert wia an Wolf!“

Neuer Wein in alten Schläuchen

„Schackline,
wia oft soll i dirs
denn no sagn:
Geh owa vom Misthaafa

und paß a weng
afn Sven-Rüdiger und
af d Ramona af,
du Luader, du fauls!“

Existenzielles

„Der Affe unterscheidet sich
vom gewöhnlichen Menschen dadurch,
daß er nicht reden kann“,

hat dersell Bua im Aufsatz gschriebn,
„könnte er sagen: Ich bin ein Affe!,
dann wäre er ein Mensch...!“

SPRACHKUNDLICHES

Die brevitas Bavarica

Neben der hilaritas (der Heiterkeit) ist vor allem die brevitas (die Kürze, die Prägnanz) ein Markenzeichen des bairischen Dialekts. Die einen versuchen, dieses Phänomen mit einer gewissen Mundfaulheit des homo bajwaricus zu erklären, Kurt Wilhelm, der Präsident der Münchner Turmschreiber, sieht dagegen die Sache mehr unter sprach-ökonomischen Gesichtspunkten: er meint, der Norddeutsche spräche den ganzen Denkvorgang mit, während der Bayer nur das Ergebnis bekanntgäbe.

Seinem Naturell entsprechend drastisch formuliert es Jozef Filser in seinen „Bolidischen Gedangen“: „… Bald mahn einen Breißen hört, had er die ganse Fozzen fohl lauder Wohrte und schbeibt sie auf einmahl aus wie Zweschgenkern und es get nichd nacheinahnder, sontern ahles auf einmahl. Es bräsiert fier einen Jäden, das er ahles sagt, indem wen noch ein Breiße dabei ist, disser plos wahrtet, das seinen Lanzmahn die Lufd ausget, das er darahn kohmt und dan lahst er nichd mer aus, sontern schbeibt auch seine Wohrte hin …“

Der Schriftsteller (und Nobelpreisträger!) Giosué Carducci (1835-1907) war zwar kein Bayer, aber er spricht jedem echten Bayern aus der Seele, wenn er erklärt: „Wer mit zwanzig Worten das sagt, was er auch mit zehn sagen könnte, ist noch zu anderen Schlechtigkeiten fähig!“

Da fährt also (wohl noch in der Vorkriegszeit) eine Bäuerin mit der Eisenbahn in die Stadt. Als sie sich nach dem Einsteigen auf die harte Holzbank niederfallen läßt, sagt sie: „Sodala“. An einer Baustelle, an der der Zug zum Stehen kommt und nach einiger Zeit mit einem plötzlichen Ruck wieder anfährt, entringt sich ihr ein „Hopsala“, und beim Aussteigen in der Stadt meint sie erleichtert: „Jetzala!“ Nicht ganz so gesprächig sind in einer anderen wortarmen Gegend Vater und Sohn. Auf der Hinfahrt sagt der eine: „Da mahn s an Woaz.“ Und bei der Rückfahrt antwortet der andere: „ – do aa!“

So ein junger Bursch wird nicht einmal am Hochzeitstag gesprächiger. In der Kirche sagt er „Ja!“, im Wirtshaus „Prost!“ und am Abend in der Schlafkammer „Jetzad ...!“

Bekannt ist auch die Geschichte, in der die Bäuerin den Bauern zur Rede stellt und sagt: „Unser Dirn kriagt a Kind.“ Er drauf: „Dös is ihr Sach!“ Sie: „D Leut sagn aber, dös waar vo dir.“ Er: „Dös is mei Sach!“ Daraufhin sein Eheweib: „Wenn dös stimmt, nachher geh i ins Wasser!“ Und er lakonisch: „Dös is dei Sach ...!“ Da braucht man sich dann nicht zu wundern, wenn die Gefühle füreinander bald erkalten. Als die zwei im Hochsommer rackern und werkeln, was das Zeug hält, weil nämlich ein Gewitter aufzieht und das Heu noch trocken in den Stadel kommen soll, schlägt auch schon ein Blitz links vom Bauern in das Feld. Sie drauf: „No ...!“ Sie schinageln weiter, und ein zweiter Blitzstrahl fährt rechts vom Bauern in den Boden. Die Bäuerin: „No, no ...!“ Und der dritte schließlich – aller guten Dinge sind drei! – erschlägt den Mann, Das Weib darauf: „No, also ...!“

Eine andere Bäuerin steht gerade in der Küche und schält Kartoffeln, als man ihr berichtet, daß ihren Mann im Holz draußen ein Baum derschlagen hat. Sie überlegt ein wenig, legt dann das Schälmesser weg und sagt: „ – nachher langen s eigentlich eh scho ... !“

Daß Bairisch kurz ist, wissen bei uns schon die Unterstufenschüler. Da hat ein Lehrer eine ganze Tafel voller Sätze geschrieben, und die Kinder sollen sie alle in den Imperativ (die Befehlsform) übertragen. Unter den Beispielen ist auch der Satz „Der Ochse zieht den Wagen“. Der Schulmeister wärs schon zufrieden, wenn seine Schützlinge wenigstens schrieben: „Ochse, du mußt den Wagen ziehen!“ Das ist zwar – wie Eingeweihte wissen – kein reinrassiger Imperativ, sondern nur so ein halbschariger, aber gleich springt einer von den Buben auf und sagt: „Herr Lehrer, der Imperativ von dem Satz 'Der Ochse zieht den Wagen' heißt 'Wüah!“ Und wie man weiß, ist das ein Super-Imperativ, weil den sogar der Ochs versteht, und darauf kommt es ja schließlich an.

In einer höheren Klasse hat der Lehrer den Bericht durchgenommen und verlangt, daß sie bis zur nächsten Woche zu

Hause einen Aufsatz schreiben, in dem jeder Tag der Woche abgehandelt wird. Einer hat folgendes Musterbeispiel abgeliefert: „Am Montag bin ich mit meinem Vater auf die Jagd gegangen. Wir haben einen Trumm Bock geschossen. Dann hat es am Dienstag Rehfleisch gegeben, am Mittwoch, am Donnerstag, am Feitag, am Samstag und am Sonntag auch noch!“

Einen anderen bayerischen Buben hat es völlig unverschuldet ins Exil nach Norddeutschland verschlagen, wo der Lehrer in seiner Klasse gerade die Konjugation von Verben durchnimmt: „Ich schreie nicht, du schreist nicht, er schreit nicht, sie schreit nicht ...“ Der Pädagoge will den vom preußischen Verbalstreß eingeschüchterten Buben in das Unterrichtsgeschehen einbinden und sagt: „Wiederhole das, Franz-Xaver!“ Da springt der Gast aus dem Süden auf und sagt: „Koaner schreit, Herr Lehrer!“ Etwas später haben sie einen Aufsatz geschrieben mit dem Thema „Unser Hund“. Der Xaverl war der erste, der fertig gewesen ist und dem Lehrer den Aufsatz abgeliefert hat: UNSER HUND. Mir habn koan!

Die hochdeutsche Frage „Steh ich Ihnen möglicherweise, ohne daß es meine Absicht wäre, im Wege?“ heißt im Bairischen ganz lapidar: „Irr i ebba?“

Geirrt hat allerdings einen gestandenen Münchner in der Trambahn eine prononciert norddeutsch sprechende Dame. Er steigt ihr (mehr oder minder versehentlich) auf den Fuß und sagt „Öha!“ Als sie wortreich auf einer formellen Entschuldigung besteht, verteidigt sich unser Landsmann: „I hab a so 'Öha!' gsagt ...“

Die leider (in verschiedenen Variationen) immer wieder zu lesende Zeitungsmeldung: „Er kam bei einem Verkehrsunfall ums Leben, weil er offensichtlich seine Geschwindigkeit weder den Straßenverhältnissen noch seinem fahrerischen Können angepaßt hatte“ heißt auf Bairisch ganz lakonisch: „Er hod si derrennt.“

Der Dialektforscher Ludwig Zehetner weist uns darauf hin, wie unvorstellbar es wäre, wollten sich bayerische Politiker ausschließlich des weitschweifigen Hochdeutschen bedienen. Als Beispiel führt er den Münchner OB an, der dann auf dem Oktoberfest sagen müßte: „Das erste Faß Bier wurde soeben von mir angestochen. Es kann jetzt mit dem Trinken begonnen werden." Um wie viel prägnanter und elementarer, ja geradezu bacchantischer ist da die allen verständliche Aussage: „Ozapft is!" Hierher paßt auch die kürzeste bayerische Gruselgeschichte:

Der letzte Mensch sitzt am Tisch und trinkt a Masserl.

Da klopft eahm oaner af d Schulter und fragt: „Schmeckts?"

Die hochdeutsche Feststellung: „Ich fürchte, bei mir macht sich immer deutlicher das Burning-out-Syndrom bemerkbar!" heißt im knappen Bairisch: „I mog nimmer!"

Aber wie viel Selbstbewußtsein und Anspruch auf freie Entwicklung der Persönlichkeit steckt nicht in dem „Wer ko, der ko!" des Münchner Pferdehändlers Xaver Krenkl, mit dem er ein bis dato unangetastetes königliches Privileg in Frage stellte, als er mitten in der Landeshauptstadt mit seinem Sechsspänner die Karosse Ludwigs I. überholte!

„Hi(n), ha?" soll einmal ein Autofahrer gefragt haben, als ihm die Bäuerin eine überfahrene Henne gezeigt hat.

Abkürzungen lassen sich oft in recht unterschiedlicher Weise interpretieren. Man denke nur an jenen Pfarrer, den sein Generalvikar partout nicht versetzen wollte und der deshalb sein letztes Bittgesuch mit dem Satz schloß: „Wenn es diesmal wieder nicht geht, dann l.m.i.A.!" Auf die indignierte Rückfrage, wie denn diese ominöse Abbreviatur aufzulösen sei, erklärte der Geistliche: „ – dann laßt mich in A(lling, in Abensberg, in Arnstorf oder wo auch immer)!"

In einem anderen Fall hatte ein Dorfbürgermeister seine liebe Not mit den zwei Siglen WC, die er schließlich als Wald-Capelle interpretierte, – aber das wäre eine Geschichte für sich. Schwierigkeiten mit einer Abkürzung hatte auch jene Bäuerin, die auf einer Einladung die Buchstaben U.A.w.g. vorfand. Der Bauer lachte sie wegen ihrer Unwissenheit aus und sagte: „Dös woaß doch a jeds Kind, was dös hoaßt: Um achte wird gessn!"

Ein bayerischer Kellner dagegen versuchte, aus einer anderen Abkürzung Kapital zu schlagen. Er setzte hinter einem w.g. noch einen bestimmten Betrag auf die Rechnung, und als einer seiner Gäste fragte, was dieses w.g. zu bedeuten habe, sagte er:

„Dös hoaßt: wenn s gang; aber wenn s net geht, is s aa net so schlimm ..."

Überhaupt nicht anfreunden kann sich der Bayer mit langatmigen Wahlreden. Deshalb sagt bei einer entsprechenden Veranstaltung der örtliche Landtagskandidat nur: „Leut, da bin i. Wer mi wähln wuj, der kann s toa. Und wer mi net wähln wuj, der kann mi ... !" Noch knapper ist das Treuegelöbnis, das ein bayerischer Bauer (in Altötting) dem „Bauerndoktor" Georg Heim gab: „Wennst pfeifst, kemma!" Daß gerade in solchen Situationen das viele Reden nichts taugt, ersieht man aus dieser Auskunft:

„Redt der scho lang?"
„Ja."
„ – über was?"
„Dös sagt er net!"

Emil Vierlinger hat uns die Geschichte überliefert, in der auf einer großen Bauernversammlung der Vertreter einer norddeutschen Futtermittelfirma alle jene vors Mikrophon bittet, die mit den Leistungen seiner Firma nicht hundertprozentig zufrieden sind, auf daß sie hier Dampf ablassen könnten. Da steht einer aus dem angesprochenen Personenkreis auf, besteigt die provisorische Bühne, haut dem Nordlicht eine herunter, daß es nur so patscht und sagt dann gelassen: „Woaßt, i hab s net mit m Redn ...!"

Ein biederer Mann aus dem Volk hat seinen Personalausweis verloren. Da muß er zunächst einmal zum Photographen, um sich abkonterfeien zu lassen. In hochdeutscher Diktion würde er vielleicht sagen: „Sie, guter Meister, ich weiß ja selber, daß ich kein besonderer fotogener Typ bin, und ich lege auch keinen übermäßig großen Wert auf die Qualität Ihrer Bilder, aber ich brauch sie halt, und zwar möglichst umgehend, weil die Bundesdruckerei in Berlin sowieso so lange braucht, bis sie die Personalausweise herausbringt" usw. usw.

Unser Mann dagegen sagt nur: „Wiar i, wia i wiar, wia i wiar, wiar i!" Daß das nicht Kisuaheli ist und auch kein Papua-Dialekt aus Neuguinea, sondern echtes, ursprüngliches Bairisch, aus dem sogar bairische Mentalität abzulesen ist, werden Sie mir hoffentlich abnehmen.

Auf einer größeren Party entwickelt sich zwischen einem Ehepaar ein Gespräch. Sie: „Du, Mausemann, wer ist denn jener Herr dort?“ Er: „Paß mal auf, Mäuschen, das ist der Schwager meines früheren Chefs: sein richtiger Schwager zwar auch wieder nicht, sondern so ne Art Schwippschwager, auf jeden Fall der langjährige Hausfreund der Schwester unseres verstorbenen Prokuristen ...!“

Im Bairischen ist diese Unterhaltung wesentlich kürzer. Sie: „Wer is n dös ...?“ Er: „ – den kennst du net!“

Ein preußischer Leutnant, offenbar katholischer Konfession, beichtet an Ostern: „ ... die janzen zehn Jebote zweemal anständich durchjesündicht!“ Da könnte man als Bayer fast Minderwertigkeitskomplexe bekommen. Aber nur fast! Denn man braucht ja nur an den bayerischen Viehhändler zu denken, der nach Ostern noch schnell in den Beichtstuhl hineinrumpelt und sagt: „ – wia vorigs Jahr!“

Und was die leidige Sache mit dem 6. Gebot angeht, so bekannte ein Bursche freimütig, aber knapp: „Wissen S, i bin grad über der Heiraterei, also: etc. pp.!“

Ein älteres Ehepaar geht wallfahrten und will sich an geweihter Stätte seiner Sündenlast entledigen. Auf dem Hinweg entdeckt sie am Waldrand einen Hackstock, in dem ein schönes Beil steckt. Sie zeigt darauf hin. Er nickt ihr zu und sagt: „Hoamzua ...!“

Ein Waldler bequemt sich nach längerer Unentschlossenheit, seinen Bruder, der von einem Holzfuhrwerk halb erdrückt worden ist, im Krankenhaus zu besuchen. Als er nach Hause kommt und Bericht erstatten soll und alle fragen, wie es denn dem Verunglückten gehe, sagt er nur: „ – mei, er liegt halt a so drin ...!“

Das kürzeste bairische Gedicht, das ich kenne (und ich halte es wirklich für ein Gedicht!), trägt die Überschrift „Der Egoist“ und besteht nur aus einem einzigen Buchstaben: I. (I ist übrigens auch die mundartliche Bezeichnung eines bayerischen Flusses: des Inns.)

Ähnlich kurz läßt sich ein Wirtshausgespräch aufzeichnen:

A I G „Ah, i geh!"
I G A „I geh aa."
G I A „Geh i aa ...!"

Das Nonplusultra ist aber die Verständigungsweise zwischen Bauer und Knecht. Als an Lichtmeß ein neuer Knecht auf den Hof kommt, sagt der Bauer: „Du, ich sag dir s glei, daß dich auskennst: I hab s net mit m langen Redn. Wenn i gnamp, wenn i gnauk (nicke), nachher kimmst her!" Darauf der Knecht: „Bauer, i glaub mir pass ma zsamm. I hab s aa net mit ma langen Redn. Wenn i an Kopf beutl, nachher kimm i net!"

Hier kommen die zwei (nach den nur einmal notwendigen Präliminarien) ohne Worte aus: Sprache ist reduziert bis zur Sprachlosigkeit.

So kurz kann Bairisch sein!

Das kürzeste bayerische Gedicht

Wir wissen, daß Bairisch – wie alle alten Sprachen – in seiner Ausdrucks- und Darstellungsweise kurz und prägnant ist. Dafür gibt es eine Fülle von Belegen und Beispielen. Trotzdem war ich überrascht, als ich vor Jahren in einer Zeitung das kürzeste bayerische Gedicht las. Es hieß „Der Egoist" und bestand nur aus einem einzigen Buchstaben: I!

„Das ist doch kein Gedicht!" werden viele sagen. „Doch!" halte ich dagegen. Bei einem Gedicht sollte es sich – wie schon das Wort deutlich macht – grundsätzlich um eine ver-dichtete Aussage handeln. Oder wie es einmal ein bayerischer Schüler recht zutreffend formuliert hat: „A Gedicht is s, wenn um den Text umi no viel freier Platz is, – zum Nachdenka!"

Und hier haben wir viel freien Platz.

Da steht also ein einzelner Buchstabe; er genügt sich selbst, aber er ist allein auf weiter Flur, er kennt keine Kollegen, keine Kameraden, keine Freunde, keine Gemeinschaft, – in jeder Hinsicht eine magere Erscheinung. Beim Sprechen ist der Laut spitz, kalt, ohne den geringsten Hauch von Wärme. Es gibt keinen Zusammenklang, keine Harmonie, auch keine Emotion wie bei den Empfindungswörtern Au!, ei!, ach!, oh!, hu!, na, na!

Das liegt aber in erster Linie nicht am Laut, sondern am fehlenden Miteinander. Daß das i durchaus in der Lage ist, Gemeinschaft zu beschreiben, zeigt uns in sehr ansprechender Weise einer der ältesten bairischen Texte (aus dem 11. Jahrhundert), der sich im Kloster (!) Tegernsee fand: „Dû bist mîn, ich bin dîn, des solt dû gewis sîn..."

Aber auch hier beginnt das Gedicht mit „Dû bist mîn..." und nicht mit „Ich bin dîn..." Und schon gar nicht mit „Ich bin mîn..."

Baierisch – perfekt auswärts!

Manche (durchaus ernst zu nehmende) Historiker nehmen an, der bairische Stamm habe sich aus den Fußkranken der Völkerwanderung gebildet, das heißt, er stelle ein Konglomerat aus allen möglichen Völkerschaften dar.

Tatsächlich kann man sich manchmal des Eindrucks nicht erwehren, der bairische Dialekt enthalte Sprachbausteine aus aller Herren Länder. So zum Beispiel klingt der Satz: Wenn a Laus am Ohr is, packs, drucks, gar is! ziemlich lateinisch (vena laus amoris, pax, trux, garis). Ähnlich ist es mit der Entschuldigung, die ein Vater seinem Buben in die Schule mitgab: Benedicte tempum (benötigte den Buben).

Zu einer Notlüge mußte allerdings ein dieser klassischen Sprache unkundiger Vater Zuflucht nehmen, dessen bildungsbeflissener Sprößling unbedingt wissen wollte, was das Schriftband GLORIA IN EXCELSIS DEO über der Krippe bedeute. „Dös is Preußisch", sagte er, „af Deutsch hoaßts: Schöne Feiertag und a guats neus Jahr!" Da hatte jener Landsmann schon eine glücklichere Hand, als er seinem Filius die Inschrift SALUBRITATI (dem Wohlbefinden) über dem Volksbad mit dem Imperativ „Sauluader, bad di!" übersetzte.

Ja, es ist schon gut, wenn man wenigstens ein oder zwei Jahre humanistischer Bildung nachweisen kann, etwa nach dem Motto: „Der Sommer waar wieder amol vorbei, oder wie wir Lateiner sagen: summa summarum..."

Wechseln wir den Schauplatz. Als einmal ein Amerikaner einen Bayern begrüßte, sagte er: „Well, Sie kommen aus Bavaria; ich haben es gekannt an your face!" Darauf unser Bayer: „Dös taat mi aber jetz scho interessiern, wia du dös an meine Fejß kennt hast!" Im Gasthaus prostet ihm dann der Ami zu: „Your health!" Intuitiv pariert der Bayer: „Your Dunkls!"

Etwas problematischer ist da allerdings die Sache mit dem Abschiedsgruß eines Franzosen, der dem Bayern noch ein „Bon voyage!" nachruft. Leicht irritiert kann unser Landsmann nur kontern: „Du mi aa!" „ ... dö müassn uns kenna!" hat dersell Burschenvereinsvorstand gsagt, wias auf Paris gfahrn san und am Bahnhof allerweil oaner gschrien hat: „Bagasch, Bagasch!"

Auf einem italienischen Postamt vergewissert sich der Beamte noch einmal: „Poste restante (postlagernd)?" Ein wenig empört gibt der Bayer zurück: „Nix Protestante, ich Katholik!" Demgegenüber ist das Mißverständnis in einem italienischen Supermarkt wieder harmloser. Die Verkäuferin notiert: „Sessanta otto (68)", und der bayerische Urlauber korrigiert: „Na, i bin der Xari!" Umgekehrt hält eine Urlauberin aus dem Norden Deutschlands, die auf einem Volksfest mit einem Bayern tanzt, diesen für einen Italiener. „Dipacciano heißt er!", erzählt sie ihrer Freundin.

Sogar mit dem (Alt)Griechischen weist das Bairische Ähnlichkeiten auf: „Mähn Äbte Heu? Äbte mähn nie Heu!" Oder: Bal i so mei ghörigs Bier ho, a Liter a acht, a nei, nacher glang i. (Diese Sätze lassen sich auch gut mit griechischen Buchstaben schreiben!)

Selbst eine Verwandtschaft des Bairischen mit dem Chinesischen wurde schon hin und wieder in Erwägung gezogen: Geh, glang hi! Oder: D Sunn scheint schee. Oder wenn der Bub zu der Mutter sagt: „Heut haben mir chinesisch gessn: A weng, weng!" Das erinnert an die Übersetzung des Begriffs „kurzer Zug" ins Chinesische: weng Wagn, oder an den chinesischen Landwirtschaftsminister Ku-Dung und seinen Kollegen vom

Verkehrsministerium: Um-Lei-Tung. Die Großmutter heißt in dieser Sprache Kann-kaam-kaun, der Dieb Lang-fing, der Polizist Lang-fing-fang, der Polizeihund Lang-fing-fang-wau-wau, die Dienstpistole Lang-fing-fang-peng-peng.

Solche Sprachspiele lassen sich natürlich fortsetzen: Lars Tragl heißt dann der dänische Minister gegen Alkoholmißbrauch, Olga Preschowa ist eine russische Abfahrtsläuferin und Weit-viri-leinen das Geheimnis der finnischen Schispringer. Gülle-hülle heißen die Pampers auf Türkisch, Ali-mal-lachen ist das Motto arabischer Photographen, Mahatma-kindigt ist ein indischer Arbeitsloser und Sitting Bull ein amerikanischer Polizist im Innendienst.

„Der Teifi kann predign...!“

Bayerische Randbemerkungen zu einem geistlichen Thema

Er hat nicht leicht die Spendierhosn an, der bayerische Bauer, für Lob schon zweimal nicht. Aber manchmal kann er nicht anders, so etwa, wenn ihm die beeindruckende Antrittspredigt des neuen Herrn den Respekt geradezu abnötigt: „Bua, dem geht der Dreck von der Schaufl! Der Teifi kann predign! Oa Schroa wia der ander, der letzer net schlechter wia der erst...!“

Das hat man wahrscheinlich auch vom Pfarrer von Engelbrechtsmünster (in der Holledau) gsagt, der 1781 gewettert hat: „Beim Wirt saufts Branntwein wie St. Johannissegen, nicht wahr, ihr Schelmengeschlechter ... wo ihr, anstatt die Christenlehre zu rekapitulieren, Würste freßt, Plunzen freßt, schweiners Fleisch freßt, hernach Bier dreinsauft, daß ihr das Wirtshaus für ein Hüterhäusl anseht ... Geiles Geisbocksgeschlecht, ist das eure fides? Meint ihr etwa, es steht für euch keine Hölle offen? Es habe der Teufel seine Geisfüße ausgekögelt, seine Flügel in der Mauser verloren...?“

„Ös Bauernleut sollterts sei wia d Gäns“, hat ein anderer bayerischer Pfarrer an Martini predigt, „gesellig, reinlich und wachsam. Ös sollterts aber aa wieder net sei wia d Gäns: allzu redselig, freßsüchtig und (dabei hat er wahrscheinlich auf die Mannerleut hingschaut) sauflustig!"

Und wieder ein anderer Pfarrer soll im Winter gepredigt haben: „Liebe Christen, heute ist es so kalt, daß ich das Wort Gottes nicht in den Mund nehmen kann, aber am nächsten Sonntag werd ich predigen, daß euch der Teifl holt, dann wird euch schon warm werden...!"

Aber nicht jeder kann das Wort Gottes so anschaulich verkündigen: „Unser Pfarrer is wia der Herrgott", hat diesell ojde Bäuerin gsagt, „gö ganze Wocha is er unsichtbar, und am Sunnta is er unbegreiflich!"

In Kötzting (im Bayerischen Wald) freilich kann man – wenn auch nur einmal im Jahr – den Glauben schwarz auf weiß sehen: wenn der Pfarrer beim Pfingstritt auf einem Schimmel reitet.

Ein Pfarrer, der bei der Predigt kein Ende finden konnte, wurde schon von den bayerischen Barockpredigern als „Kerzenbrenner" bezeichnet. Er kommt den Bauern vor, als wenn er s Gebiß von der Köchin erwischt hätt. Besonders im Winter hat sich dann mancher Kirchenbesucher gedacht: „Wenn s eahm no grad an Fooz eigfrerert, daß er afhörn müassert mit seim Gseufarat (Geschwätz)!" Deshalb sagt ja auch ein Bürgermeister zum neuen Pfarrer: „Über alles derfst predign, sogar über d Unkeuschheit, – bloß net über a halbe Stund!" Denn die erste Viertlstund is für n Herrgott, die zwoate für d Katz und die dritte für n Teifi!"

Vielleicht haben früher manche Pfarrer ihr Predigt-Maß aus dem Brevier genommen. Darum hat ja auch einmal ein Kooperator, dem der Wind recht schnell und viel umblattlt hat, gsagt: „Herr, vergelts Gott, i hätt mir s net traut...!"

Ein Problem sind oft die sogenannten Leichenpredigten. Für sie soll einmal ein Pfarrer – wie unter anderem Lia Braun-Hilger erzählt – folgende „Preisliste" aufgestellt haben: „Wissen S, dö um zeha Mark, dö is net vuj wert. Da ratert i Eahna ab davon. Dö gfallt mir selber net. Da woanen höchstns die tieftrauernde Witwe und dö kloana Kinder.

Dö um zwanzg Mark, dö geht scho eher. Dö is net unebn. Vuj springt zwar bei derer no net raus; dös kann ma um dös Geld aa net verlanga. Aber dö nächstn Verwandtn, dö woana da scho ganz schö!

Die Red um vierzg Mark, die is prima. Da wenn i mi richtig ins Zeug leg, da muaß i mi nachher selber a paar Mal unterbrecha, weil s ganze Dorf a so woant, daß mi koa Mensch mehr verstehert. Dö Red kann i Eahna mit guatm Gewissn empfehln. Mit der verkaafa s Eahna bestimmt net!

Natürli is da no koa Vergleich zu der um fuchzg Mark. Bei der druck i drauf, daß s grad a so staubt. Und rotzn tan da d Leut...! Da macha s Eahna gar koan Begriff, wia vuj Tempo-Schneuztüachl da draufgengern! Und auf d Letzt woan i nachher selber aa no mit. Als Dreingab sozusagn...!"

„Leniventantum"

In der volkstümlichen Literatur gibt es eine Reihe von Erzählstoffen, die in jeder Generation zumindest einmal von einem Heimatschriftsteller (oft auch gleich von mehreren) literarisch verarbeitet werden und schon aus diesem Grund im Gedächtnis des Volkes haften bleiben und sich einer konstanten Wertschätzung erfreuen.

Zu ihnen gehört beispielsweise die Erzählung von den Buben und Mädchen, die gemeinsam nackt im Dorfweiher baden und auf die erschreckte Frage des Pfarrers, wie so etwas überhaupt passieren könne, antworten: „Mir san scho auszogn gwen, und da habn mir uns nachher nimmer auseinanderkennt!"

Eine andere, moralisch weniger suspekte Geschichte ist die von dem Pfarrer, den beim Kirchweihgottesdienst plötzlich die schreckliche Angst überfällt, die Kirchweih-Ente könnte während des langen Festgottesdienstes in der Ofenröhre Schaden leiden, und der deshalb vom Altar aus in Richtung Pfarrerköchin die lateinisch klingende Anweisung singt: „Leniventantum, procenta!" („Leni, dreh die Ente um, brat sie auch auf der anderen Seite!")

Weil aber die fromme Seele im Gebetbuch so sehr in die Betrachtung eines Bildes des hl. Bartholomäus vertieft ist, dem man bei lebendigem Leib die Haut abzogen hat, hat sie ganz darauf vergessen, während des Gottesdienstes schnell einmal ins Pfarrhaus zu laufen und nach dem knusprigen Kirchweihvogel zu sehen. Mit noch inständigeren Rufen wendet sich deshalb der Herr Pfarrer an die ebenfalls in der Bank knieende Pfarrerdirn und singt noch ein gut Teil eindringlicher: „Anaventusium!" (Anna, dreh du sie um!") Das tumbe Mensch versteht den Satz und reagiert dementsprechend.

So sehr hier die Fabuliersucht und der Wortwitz mit beiden Händen zu greifen sind, so bin ich doch im Laufe der Zeit schon mehreren Leuten begegnet, die steif und fest behaupten, sie kennen den Pfarrer und seine Köchin, die sich in diesem speziellen „Küchenlatein" unterhalten hätten.

In Wirklichkeit reicht auch diese Geschichte in frühere Jahrhunderte zurück, wenn sie gar nicht aus einem der mittelalterlichen Klöster stammt, deren Mönche für solche Wortwitze relativ aufgeschlossen gewesen sein sollen.

Wie die deutsche Sprache die Menschen sterben läßt

Ein Beamter wird zur letzten Ruhe gebettet,
ein Angestellter wird in eine andere Welt versetzt,
ein Priester segnet das Zeitliche,
ein Spieler verliert sein Leben,
ein Händler vertauscht das Irdische mit dem Himmlischen,
einem Lehrer wird das Heft aus der Hand genommen,
ein kleiner Liebling wird in die Schar der Engel
aufgenommen,
ein Fuhrmann spannt aus,
ein Matrose läuft in den letzten Hafen ein,
ein Färber verbleicht,
ein Metzger geht den Weg allen Fleisches,
ein Vegetarier beißt ins Gras,

einem FKKler wird das letzte Hemd ausgezogen,
ein Globetrotter tritt seine letzte Reise an,

ein Urlauber (Pilger) kehrt heim,
ein Bahnschaffner liegt in den letzten Zügen,
ein Ausreißer (Aussteiger) wird heimgeholt,
ein Einbrecher wird vom Tod überrascht,
ein Maurer kratzt ab,
ein Pyrotechniker krepiert,
ein Militär wird zur großem Armee einberufen,
bei einem Mediziner zeigt das Elektrokardiogramm Nullinie,
bei einem Lateinprofessor ist der Exitus eingetreten,
einem Schriftsteller wird die Feder aus der Hand genommen,
einem Uhrmacher schlägt die letzte Stunde,

einem Kutscher werden die Zügel aus der Hand genommen,
ein Kumpel fährt in die Grube,
ein Straßenwärter kehrt zum Staub zurück,
ein Hilfsarbeiter wird mit der Schaufel ins Bett gelegt,
ein Töpfer geht den Weg alles Irdischen,
ein Gourmand legt den Löffel zur Seite,
ein Schnapsbruder gibt seinen Geist auf,
ein Notar macht sein Testament,
mit einem Advokaten macht der Tod kurzen Prozeß,
ein Verbrecher tritt vor den Richterstuhl Gottes,
ein Diplomat wird abberufen,
ein Enkel kehrt zu den Vätern heim,
ein Altphilologe fährt über den Styx,
ein Deutsch-Nationaler rückt nach Walhall ein,
ein Wagnerianer wird in der Gralsburg erwartet,
für einen Schauspieler senkt sich der letzte Vorhang,
eine Diva tritt ab,
ein König-Ludwig-II-Fan fährt in die Blaue Grotte ein,
ein hübsches Mädchen wird von seinem letzten Liebhaber
heimgesucht,

einem Musikanten geigt der Boandlkramer,
ein Mesner brichts Kripperl ab,
einem Hufschmied werden die Eisen heruntergerissen,

einem Wanderer ist der Stock zum Gehen hingelehnt,
ein Skifahrer kommt zum Brettlrutschen dran,
einen Bauern streift die Sense,
einem Gastwirt wird der Maßkrug vom Tisch geschlagen,
einem Schneider wird der hölzerne Rock angemessen,
ein (junger) Schreiner springt in die Kiste,
ein Senn kehrt auf der Mesner-Alm (dem Friedhof) zu,
ein Nimrod geht in die ewigen Jagdgründe ein,
ein passionierter Karl-May-Leser schleicht sich davon,
einem Obdachlosen wird eine Wohnung im Himmel bereitet,

einem Höflichen wird ein letzter Gruß nachgerufen,
ein Gottloser schert sich zum Teufel,
einem Astronauten wird die Erde leicht sein,
und auch ein Schlotfeger kehrt nicht mehr wieder,
aber einen, der nicht sterben kann,
hat der Toud vo Eding vergessn!

GESCHICHTLICHES

Rodungsklöster

Festen Wehrburgen gleich
trotzten sie
dem Ansturm des Waldes
auf der einen
und dem Anbranden
des Wassers
auf der anderen Seite.

Sie schickten ihre Mönche
hinein in die
teuflische Wildnis,
und die Söhne
des hl. Benedikt
machten daraus
ein gottgefälliges Land.

Ein Bogener meldete das „Wunder von Jesi"

1192 war Albert von Bogen, stets auf eine Ausweitung seiner Herrschaft bedacht, mit den beiden Grafen von Ortenburg in Grenz- und Jagdstreitigkeiten geraten. Da die Auseinandersetzung immer schärfere Formen annahm, rief der Bogener – seit 1184 mit der böhmischen Herzogstochter Ludmilla verheiratet – schließlich seine slawische Verwandtschaft zu Hilfe. Die Ortenburger gingen daraufhin Kaiser Heinrich VI., den Sohn Barbarossas, um Unterstützung an. Dieser erklärte im Juli 1193 auf dem Reichstag zu Worms Albert von Bogen zum Reichsfeind und verbannte den 28jährigen nach Apulien, wo der Kaiser seit 1191 versuchte, die Länder in den Griff zu bekommen, auf die er spätestens seit seiner Vermählung mit der normannischen Prinzessin Konstanze einen Rechtsanspruch besaß.

1194 ging der Kaiser nach der Wiederherstellung der Ordnung im Reich und nach umfassenden Rüstungen daran, das sizilische Erbe endlich fest in seine Hand zu bekommen. (1191 hatte er vor den Mauern Neapels wegen einer im Heere wütenden Seuche dieses Unternehmen bereits einmal aufgeben müssen). Mit blutiger Strenge warf der „blasse Löwe" einen Aufstand der sizilischen Barone nieder und ließ sich am Weihnachtstag 1194 – umgeben von unerhörter Pracht und vor einem in die Knie gesunkenen Volk – im Dom von Palermo zum Nachfolger der „Könige von Afrika" krönen und wenige Tage später den normannischen Königsschatz von 150 Saumtieren zum pfälzischen Trifels schleppen.

Seine (um zehn Jahre ältere) hochschwangere Frau hatte Heinrich in der Mark Ancona zurückgelassen, wo die 40jährige nach fast neunjähriger kinderloser Ehe am zweiten Weihnachtstag in einem Zelt, das sie auf dem Marktplatz von Jesi hatte aufschlagen lassen, vor den Augen zahlreicher Neugieriger das „chint von Pulle" gebar und allem Volk stolz ihre vollen Brüste zeigte. Diese Herstellung der Öffentlichkeit schien ihr deshalb geboten, weil um die bevorstehende Geburt eine Unzahl von Gerüchten, Weissagungen und Parolen im Umlauf waren. So zum Beispiel hatte der kalabresische Zisterzienserabt Joachim von Fiore dem Kaiser gemeldet, die Kaiserin sei von einem Dämon begattet worden. Andere wieder behaupteten, die Kaiserin sei gar nicht schwanger, sondern wolle das Kind eines päpstlichen Beamten unterschieben. Konstanze selber hatte geträumt, sie werde einen feurigen Brand gebären. Wegen ähnlicher unheilvoller Vorhersagen war sie auch von ihren Eltern zur Nonne bestimmt und in verschiedenen Klöstern erzogen worden – was freilich die Fabulierfreude erst recht ansporne. Erinnerte man sich doch plötzlich der alten Prophezeihung, daß der Antichrist von einer Nonne geboren werden solle!

Das „Wunder von Jesi", ein gesunder Sohn und damit der beste Garant eines staufischen Mittelmeerreiches, wurde zunächst von seiner Mutter Konstantin genannt und erhielt erst bei der Taufe die Name der Großväter Friedrich und Roger. Seine Ankunft auf dieser Welt aber meldete über eine Strecke von 1000 Kilometern dem Kaiser in Palermo der verfemte Graf

Albert von Bogen, der dieser frohen Kunde wegen begnadigt wurde und seine Grafschaft zurückerhielt, – nicht ohne vorher noch eine Kreuzfahrt zum Heiligen Grab versprochen zu haben, die er dann zusammen mit den Bischöfen Konrad III. von Regensburg und Wolfger von Passau am Nikolaustag des Jahres 1195 in Worms antrat.

Die Ritter sind noch unter uns

Begriffe und Redewendungen aus der Zeit des Hauens und Stechens

Es ist eine bekannte Erscheinung, daß sich sprachliche Bezeichnungen und Redewendungen oft wesentlich länger halten als die Sache selbst. So braucht es uns nicht zu wundern, daß die hohe Zeit des Rittertums mit ihren farbigen Festen und Turnieren, aber auch erbitterten Kämpfen, in unserer Sprache noch mit über fünfzig Ausdrücken und Sprachbildern präsent ist, auch ohne die jetzt wieder in Mode gekommenen Freilichtaufführungen von historischen Spielen und Ritterstücken:

Wir werfen einem Widersacher den Fehdehandschuh hin, weisen ihn in die Schranken, treten unter Umständen in bunter Reihe auf, führen etwas im Schilde und stecken mit anderen unter einer Decke. Wir bringen unser Gegenüber in Harnisch, sind aber auch selber gewappnet und gut gerüstet (oder zumindest noch rüstig), sind beschlagen und sitzen fest im Sattel, könnten aber notfalls auch noch umsatteln. Wir schwingen uns zwar nicht aufs hohe Roß, zäumen auch das Pferd nicht beim Schwanz auf, nehmen es aber jederzeit mit unseren Gegnern auf, auch wenn sie sich noch so sehr brüsten, und verfechten bei diesem Strauß unsere Sache, so gut es geht. Wir legen uns mächtig ins Zeug (Geschirr), spornen uns selber an, ziehen schlagfertig – vielleicht sogar aus dem Stegreif heraus – vom Leder, kämpfen mit offenem Visier, geben uns aber trotzdem keine Blöße. Wir legen für unsere Freunde eine Lanze ein (oder brechen eine Lanze für sie), halten ihnen die Stange, springen für sie in die Bresche, geben selber den Zügel nicht aus der Hand, legen aber anderen die Kandare an. Wir versuchen, in allen Sätteln gerecht zu sein und sehen zu, daß unsere Argumente hieb- und stichfest sind. Wenn wir auch gelegentlich die Zügel schießen lassen, müssen wir uns doch nicht zügellos gebärden, selbst wenn uns andere in den Rücken fallen wollen.

Wir sehen vielleicht angegriffen aus, können aber jederzeit den Spieß umdrehen, die Scharte auswetzen und das Heft in der Hand behalten. Wir fahren unseren Gegnern in die Parade, ohne sie gleich über den Haufen zu rennen. Solange sie ihre Zunge im Zaum halten, werden wir sie auch nicht auflaufen lassen. Wenn wir schlagkräftig genug sind, werden wir sicher die Oberhand behalten (oder wieder gewinnen), ohne die anderen übers Ohr zu hauen. Wir wollen sie nicht ausstechen und sie nicht aus der Bahn werfen oder etwa gar abhalftern, solange sie nicht versuchen, über die Stränge zu schlagen.

So lange jemand auf seinem Platz bleibt, werden wir ihn nicht in den Sand setzen. Es sei denn, er räumt von sich aus das Feld und macht sich aus dem Staub.

Man soll niemanden im Stich lassen, ihm statt dessen unter die Arme greifen und durchaus ein Aufhebens machen, wenn einer ins Gras beißt. In solchen Situationen kann sich jeder die Sporen verdienen.

Darauf gibt's Brief und Siegel.

Von Wappen und Siegeln

Dem Begriff „Wappen“ liegt das mittelhochdeutsche „wapen“ zugrunde, das alles umschrieb, was zur Bewaffnung eines Kriegers gehörte (vergleiche die Bezeichnung „sich wappnen“!). Eine herausragende Stellung nahm dabei der Schild ein. Er galt ja schon seit dem Altertum als Symbol der persönlichen Ehre. Spartanische Mütter zum Beispiel sollen ihre Söhne mit dem Satz verabschiedet haben: „Komm mir lieber auf dem Schild nach Hause, als ohne ihn...!“

Zur Zeit der Kreuzzüge war es nun bei den europäischen Rittern – wohl unter orientalischem Einfluß – üblich geworden, vor allem die Schilde (aber auch die anderen Waffen) mit geometrischen Mustern und Figuren (Fabelwesen) zu bemalen, die man dann später als Wappen bezeichnete.

Der Überlieferung nach soll Gottfried V. von Anjou das erste Wappen besessen haben. Ein französischer Chronist berichtet, sein Schwiegervater, König Heinrich I. von England, habe dem Anjou bei der Hochzeit 1127 einen Schild mit einem goldenen Löwen um den Hals gehängt.

Waren Wappen anfänglich nur Zierde, Standes- und Erkennungszeichen des mittelalterlichen Ritters auf seinen Waffen (Fahnen, Röcken, Pferdedecken), so wurden diese frei gewählten Persönlichkeitssymbole später mit seiner Rüstung erblich. Das persönliche Kennzeichen wurde zum Familienzeichen und konnte unter Umständen auch verschenkt, verkauft oder als Lehen weitergegeben werden.

Interessant ist auch die Wortgeschichte: Verstand man ursprünglich (etwa ab 1180) unter „Wappen“ Schilde mit den entsprechenden Zeichen, so wurden sie bald zu Zeichen auf dem Schild. So spricht bereits Walther von der Vogelweide von „herezeichen an dem schilte“.

Grundsätzlich gilt die Faustregel: Je einfacher ein Wappenbild, desto älter ist es, je reicher, desto jünger.

Eine besondere Funktion erlangte das Wappen bei den großen Ritterturnieren des späten Mittelalters. Durch sein (farbiges!) Wappen war der Ritter schon auf relativ weite Di-

Siegel Conrads von Sünching, des Marschalls des Regensburger Bischofs (1264)

Herzog Heinrich von Bayern siegelt mit Reinmar von Brennberg eine Urkunde des Regensburger Klosters Heilig Kreuz (1272).

stanz zu erkennen, und so konnte der Herold der schaulustigen Menge mit dem entsprechenden Turnierreim „Stamm und Namen" des auf den Platz Einreitenden nennen, etwa so:

> „Jetzt kommt der Herr von Chamerau,
> der reit´ auf seiner roten Sau!"[1]

Die eben genannten Herolde, die „Knappen von den Wappen", übten ihr Amt zunächst nur praktisch aus, zum Beispiel bei den erwähnten Turnieren. Später verfaßten sie Wappenhandbücher und waren zum Teil auch recht begabte Wappen – „Designer". Dem Begriff „Herold" liegt wahrscheinlich das althochdeutsche Wort „heriwalto" = „der im Heer Waltende" zu Grunde:

Zum letzten Mal trat in der deutschen Geschichte ein Herold in Aktion, als 1706 der Kaiser im Spanischen Erbfolgekrieg über Bayern und Kurköln die Reichsacht verhängte.

Verständlicherweise gab es zu Beginn des Wappenwesens noch keine heraldische Fachsprache; man behalf sich mit Umschreibungen, wie zum Beispiel „Er führt einen Eber in seinem Schild".

Heute ermöglicht die heraldische Kunstsprache eine einheitliche Beschreibung der Wappen; die Heraldik (Wappenlehre) selbst ist zu einer anerkannten Hilfswissenschaft der Geschichte geworden.

Insgesamt gibt es (seit dem 15. Jahrhundert) vier heraldische Farben (Tinkturen): Rot, Blau, Grün und Schwarz, dazu noch die zwei „Metalle" Silber (Weiß) und Gold (Gelb). Seit dem 17. Jahrhundert werden für die Schwarz-Weiß-Darstellung dieser Farben genau festgelegte Schraffuren verwendet.

Als heraldische Grundregel gilt: Metall darf nicht auf Metall, Farbe nicht auf Farbe stehen. Auch bei Wappenteilungen (beziehungsweise -spaltungen) muß zwischen Metall und Farbe gewechselt werden. Bei der Betrachtung (und Beschreibung) des Schildes wird vom Schildträger ausgegangen: Heraldisch

1 Ein ähnliches Wappen führten übrigens auch die Sünchinger Ritter. Der springende Eber galt ja im Mittelalter sowohl als Symbol der kriegerischen Leistung als auch der Fruchtbarkeit.

Siegel Hawards von Sünching und Brunos von Brennberg (31. 12. 1296)

„rechts" oder „vorne" ist vom Betrachter aus links. Ein senkrecht geteilter Schild ist „gespalten", waagrecht durchschnitten ist er „geteilt". Ist diese Teilung nach oben geschoben, entsteht ein Schildhaupt, ist sie nach unten gerückt, ein Schildfuß.

Wappen lassen sich nach den verschiedensten Gesichtspunkten einteilen. Eine der wichtigsten Unterscheidungen ist diese:

Urwappen, die im Laufe der Zeit stillschweigende Anerkennung fanden (entstanden bis in die zweite Hälfte des 14. Jahrhunderts);

Briefwappen, die von Kaisern, Königen und Fürsten durch sogenannte Wappenbriefe verliehen wurden, das erste dieser Art soll 1417 von Kaiser Sigismund verliehen worden sein.

Eine andere Einteilung unterscheidet zwischen

Familien- oder Geschlechterwappen,

Gemeinschaftswappen, zum Beispiel von Ländern, Städten, Bistümern, Abteien,

Amtswappen (entsprechend vom Kaiser, König oder Bischof verliehenen Ämtern; vgl. damit das Siegel der Sünchinger Ritter in ihrer Eigenschaft als Marschälle des Hochstifts Regensburg)

Zusammenfassend läßt sich sagen: Das Wappenwesen ist ein selbständiges Produkt der westeuropäischen Kultur des hohen Mittelalters, ein einmaliges abendländisches Kulturphänomen, das in der Geschichte kein unmittelbares Vorbild besitzt. Es entstand aus der Notwendigkeit, die bes. durch den Gebrauch geschlossener Helme oft bis zur Unkenntlichkeit gepanzerten Ritter zu unterscheiden. Das Wappen war ein optisches Erkennungszeichen in einer Situation, die einen Zuruf als unzweckmäßig oder unmöglich erscheinen ließ.

Eng mit den Wappen verbunden sind die Siegel. Sie sind bei uns seit der Karolingerzeit gebräuchlich. An den Urkunden erfüllten die Siegel die Funktion von Unterschrift und Stempel zugleich. Sie waren Verantwortungszeichen in eigener und Beglaubigungszeichen in fremder Sache, darüber hinaus Vollmachtszeichen in Auftragsangelegenheiten und für der Schrift Unkundige auch Erkennungszeichen. In der äußeren Gestaltung überwiegt die runde Form, aber gerade bei geistlichen Siegelführern finden wir häufig auch das Spitzoval. Die Umschrift gibt in der Regel den Namen des Siegelführers wider, sie kann aber auch ein ganzes (Regierungs-)Programm – die Devise – zum Ausdruck bringen. Die große rechtliche Bedeutung des Siegels führte verständlicherweise schon früh zu Mißbrauch und Fälschung.

Ab 1300 legten sich auch Ratsgeschlechter und angesehene Bürger, später sogar Händler und Bauern Siegel zu, deren Bild sie als ihr Wappen übernahmen. Möglicherweise führten einige dieser Figuren auch zur Entstehung von Sagen und Anekdoten. Die Regensburger Bürgerfamilie der Schierlinger beispielsweise führte einen Pelikan in ihrem Wappen, sie besaß auch das „Haus zum Pelikan“. Eine etwas despektierliche Betrachtungsweise konnte in diesem Wappenbild durchaus eine Gans erkennen. Es wäre also denkbar, daß auf diese Weise der schon seit über 300 Jahren nachweisbare Spottname „Schierlinger Gänshänger“ entstand.

Während die zentralistische Staatsidee des Grafen Montgelas durch königliche Verordnung 1818 in allen bayerischen Gemeinden das Führen von Bildsiegeln, die auf frühere Landesherren verwiesen, untersagte, gestattet heute die bayerische Gemeindeordnung den Kommunen in Artikel 4, ihre geschichtlichen Wappen und Fahnen zu führen und schreibt sogar vor: „Gemeinden mit eigenem Wappen führen dieses in ihrem Dienstsiegel.“

Ritterliches und weniger Ritterliches

Heimatgeschichte in zwei Dialekt – Monologen

Dö Gschicht von dö zwee Sattlpogner

Also, damals im Winter vo 39 af 40 san hinter Rengschburg, en Boarischn Wojd drin und aa im Gäubodn jede Menge Reiter unterwegs gwen. Mit Briaf. Mit so Einladungen. Für die Herrschaftn.

Ja, und af dös affi san nachher im Februar 40e af Rengschburg kemma:

Georg Frauenberger von Razmannsdorf
Wilhelm der Frauenberger von Laberweinting
Hans und Dietrich die Stauffer von Ernfels.

Da drüber gwundert hat si bloß der, der net af m laufenden gwen is. Kemma san übrigens aa

Haimeram Nußberger von Kollnburg
Hans der Frauenberger von Falkenfels (Richter in Straubing)
Tristram Zenger vom Schneeberg
Friedrich der Zenger von Schwarzenberg

No ja, da hat s vor a paar Wochan umranand ebbs gebn ghabt. Da hat oaner vo dö Sattlpogner ebbs mit aram Judn ghabt. D Leut sagn, daß er n mit m Messer a wenig kitzlt hätt...

Daß i net vergiß: kemma san aa no

Jakob Auer von Brennberg
Oswald der Auer von Auburg
Hans Frauenberger von Brunn
Sigmund Buchberger vom Neuen Haus
Friedrich Rorbeck von Buchhausen (Pfleger zu Haidau)

Ja also, daß i sag: Dö Sattlpogner, dö vo Lichtneck (wißts es scho), der Erasmus (dös is der Alt) und der Martin (dös is der Jung) hamad si halt abgwattlt mit drei Judn, z Rengschburg drin. Ganga is, glaub i, um an Zins, den der Sattlpogner net zahln hat wolln. Alle haben s a weng laut gredt, oa Wort hat s ander gebn, – zojgt n da net af oamoj der jung Sattlpogner sei Messer und rennt s oam vo dö Geldjudn ei, – zojgt s Messer und rennt s eahm ei, bis zum Heft. Und der ander fallt glei um und is tout, maustout. Also, dös is dö zwee scho recht zwider gwen.

Wej nachher dö zwee andern s Schrei angfangt hättn, hat si jeder von dö Waldler oan griffa, hat eahm a Trumm über n Schädl ghaut, nachher haben sie s kneblt und gfesslt, haben dö nächstbeste Truachan ausgraamt und haben s eiglegt alle drei, den Toutn und dö zwee andern: an Deckl zua, ho ruck, außi für s Loch, und ab geht die Post, in n Wojd eini!

Guat, daß s im Winter allerweil scho so früah finster wird! Da hat ma net so genau gseghn, wia schwaar daß s tragn, dö zwee, und wia eah trotz der Kältn s Wasser owalaaft.

Owa oaner von dö Stadtknecht hat s nachher dennerscht gneißt, daß da ebbs net ganz koscher is. Wej s nachher dö Kistn visatiert haben, is ojs afkemma. Dö zwee Möblpacker haben s glei eikastlt.

Deswegn san in dem Winter aa kemma der

Marquard Störr von Ehrenzell zu Regenstauf
Hans und Hermann die Haybecken von Wiesenfelden
Kaspar Hauzendorfer von Hauzendorf
Haimeran Rainer von Rain

Georg Leublfinger von Zeholfing
Georg Eschelbeck von Adeldorf.

Moants ebba ös, dö waarn zu dö Judn ganga? Entschuldign und so? A naa. Oder Buaß und so? Ah geh. Oder ebba gar Entschädigung? Geh gengha S!

Naa, eigsetzt hamd a si halt, daß eah net z vuj passiert, eahrane Kollegn und Vettern.

Denn daß i net vergiß: kemma san natürli aa no

die ganze Sattelpognerische Freundschaft
Hans Sattelpogner von Geltolfing mit seinen drei Söhnen
Dietrich der Sattelpogner von Sallern
Jörg der Sattelpogner von Offenberg

D Wirtshäuser san scho alle voll gwen bis übers Dach außi, die Domherrnquartiere genau a so. Die vom Fremdnverkehrsamt hättn si allerhand eibujdt draaf, wenns es damois scho gebn hätt ... .

Und da san nacher af d Letzt – obst as glaubst oder net – aa no zwoa wirkliche Prinzessinnen kemma, bis vo Minga! Obst as glaubst oder net. Ja, und sogar der Kaiser, der sinst eher a wengerl bequem und lusert gwen is, hat an Briaf gschriebn, oder besser: hat n schreiben lassn.

Mei, da hat natürli s Gricht nachher nimmer auskinnt. Dös muaß ma versteh! Wia dö Sach ausganga is? Laafa haben sie s lassn, dö zwee. Naa, naa, naa, naa, net einfach a so. Sie haben scho versprecha müassn, daß s nimmer einigenghan af Rengschburg, – wenigstns nimmer so schnell. Urlaub, haben d Richter gmoant, sollltertn s macha, z Frankreich oder z England oder glei im sonnign Südn. Naa, net auf die Malediven, dö hat ma ja um 1440 no gar net kennt...!

Ja, ja, da moant ma allerweil, alle Menschn waarn vom Herrgott gleich erschaffn wordn (mit Ausnahm vo dem ... woaßt es scho!). Aber allerweil gibt's wieder oa, dö no gleicher san als wia dö andern.

A Brennberger Ritter

Also, i bin der Knecht vom Nußberger, vom Haimeram Nußberger. Brennberg is unser Stammsitz. Eigentli müaßert i ja

Grabmal des Haimeram Nußberger († 1551) in der Klosterkirche Frauenzell

sagn, i bin sei Knecht gwen, weil der Herr jetz scho bald wieder zwoa Jahr tout is. Gott hab ihn selig, den Haimeram!

Mei, is dös a pfundigs Haus gwen!

I woaß s no wia heut, wir mir daselmst gsuffa habn, z Schönstein. Mit derer Sch...sauferei is ojs oganga. Hamad n net da dö Bauern untern Tisch owigsuffa! An Haimeram Nußberger! I glaub, da haben s eahm ebbs eito ghabt, a Pulverl, oder sie habn eahm s Bier verwunschn. Af jedn Fall hat er si nimmer af dö Füaß haltn könna. Owa scho gar nimmer aa. Er hat si nachher af d Ofabenk glegt und wollt sein Surrus ausschlafa.

Owa dös wieder hat dem Wirt net paßt. Er hat n owazarrt und wollt Bruaderschaft mit eahm trinka. Wahrscheinli hat er aa scho an Rausch ghabt. Oder er wollt unbedingt sein abgstandna Plempl lousbringa.

Also, daß i sag: Er is higrumplt zu eahm, hat n von der Benk owazarrt; owa der Haimeram hat kaam steh könna. Der Wirt hat eahm glei wieder a Maß Bier eigschenkt, owa er hat Oar verlangt, der Haimeram, hartgsottne Oar. Ja ja, eibujderisch is er scho allerweil gwen! A halberts Dutznd hat er owidruckt. Also, vertragn hat er scho ebbs, unser Herr!

Und wia er grad a so einimampft, rumplt af oamoj der Wirt daher und möchte eahm sei Büchsn wegnehma. Dö is an Haimeram sei ein und alles gwen. Mit der hat er si aa zum Schlafa glegt. Und die hat er aa in seim Rausch net herlassn. Da drüber san s nachher zum Streitn kemma und nach ara Weil zum Raffa. Und dös wej!

Dö Bauern in der Gaststubn habn s allerweil wieder ausananderzogn, dö zwee, owa allerweil wieder san s afanander lous. Da nimmt af oamoj der Wirt am Haimeram sein Bihender und schlagt af eahm ei. Der kann grad no af d Seitn springa, sonst hätt er n glatt derwischt. Owa da is am Herrn die Sach nachher dennerscht z dumm wordn, er nimmt sei Büchsn und hauts am Wirt übern Schädl, daß der ganze Kolbn zsplittert is. Und der Wirt is aa higwen. Tout. Maustout. Dös is scho recht zwider gwen.

Mir san nachher in der gleichn Nacht no af und davo. Zerscht ins Böhm ei, da is s am sicherstn, weil dö ojs tan, daß s dö Bayern ärgern könna. Owa af d Dauer is dös aa nix gwen. Vor allem, weil mir nix zum toa ghabt habn. Und dös is einfach langweilig af d Dauer. Kannst sagn, was d magst!

Deswegn san mir aa wieder ausgwandert. Dösmoj af Frankn. Dort habn mir nachher den Hanns von Absberg kennaglernt, Bruader, dös is vielleicht a Markn gwen! Der hat s af d Augsburger abgseghn ghabt. Bei Nürnberg umanand haben mir zwee Augsburger Wagn ausanandergnumma. Lauter feines Tuch haben s gladn ghabt. Dös haben mir nachher ins Böhmische ei verschachert, weil ma da no unsere Beziehungen ghabt habn.

Bis nachher dö Sach in dem Wirtshaus bei Heideck passiert is: Mir sitzn grad wieder amoj gmüatlich beim Essn, da rumpln Nürnberger und Altdorfer Stadtknecht einer und möchtn uns gfanganehma. Mir haben uns gwehrt wia die Löwen. Owa es hat nix mehr gholfa, sie san einfach in der Überzahl gwen. Mi haben s grea und blau gschlagn, daß i gmoant hab, mei letzte Stund waar da. Und den Haimeram, den haben s vielleicht erst blessiert! Den haben s a so gschlagn, daß er a ganze Zeit net vernehmungsfähig gwen is. Weil er net steh und net sitzn hat könna, haben s eham Kissn und Polster und sogar a Bett in sei Keuchen bracht. Aa Pomeranzn und a Kraftmehl hat er krejgt, daß er wieder wird.

Ja ja, a Hund is er scho gwen, der Haimeram. Denn wia s n wieder zsammgricht ghabt habn und er z Nürnberg vor s Gricht müassn hätt, hat er s eah verzählt, daß er in Bayern gsuacht wird, weil er oan umbracht hat, an Wirt z Schönstein. Ja, hamad dö Nürnberger gsagt, warum sagst n dös erst jetz, wost die af unserne Kostn außergfressn hast? Ös ghörts ja nachher vor a bayerischs Gricht!

Und a so san mir wieder hoamkemma. Der Herzog z Minga hat n owa nachher wegn reumüatiger Gesinnung begnadigt, an Haimeram. Um 1530 umanand hat er gheirat, und vor zwoa Jahr (1551) is er gstorbn. Eigrabn haben s n z Frauenzell.

Der Herr mög ihm geben das ewige Leben!

GESCHICHTSERZÄHLUNGEN

Die unheiligen Drei Könige von Stauf

„Geld oder Leben!“

„Ich hab kein Geld!“

„Du wärst der erste Jud, der kein Geld hätt!“

„Ich hab aber wirklich kein Geld!“

„Macht auch nichts! Dann hängen wir dich eben ohne Geld auf. Wirst es schon ausschwitzen, wenn dich ein paar Wochen lang die Sonn anscheint! Und werden dirs dann der Regen und der Schnee schon wieder abwaschen im Herbst und im Winter!“

Tatsächlich trafen die drei Galgenvögel Andre Krabatz, Veit Stichennider und Heinzel Habenkrieg, die vor einer Viertelstunde am Fuß des Scheuchenbergs den Meister Israel von der Straße weg in die Stauden gezerrt hatten, alle Anstalten, den Regensburger Juden am nächstbesten Baum aufzuknüpfen und so lange mit dem Kopf nach unten hängen zu lassen, bis er das Versteck seiner Asse preisgegeben hatte. Als sie ihm den Strick um die Füße banden, verriet er es: Der schlaue Fuchs hatte sich in seine Schuhe ein Versteck einarbeiten lassen, das Platz für mindestens dreißig Amberger bot. Und auch in seinem Kaftan hatte er noch ein Geheimfach, das allerdings war leer.

Die drei verwegenen Gesellen, die schon mehr auf dem Kerbholz hatten als diesen Juden, waren Knechte der Brüder Oberhauser aus Braunau, die mit ihrem Truppenkontingent bei Stauf lagen. Zum Kriegführen in das Donautal vor Regensburg gekommen, bestand ihr Tagewerk darin, Felder zu verbrennen und Weingärten auszureißen, Verpflegung zu beschaffen und die Marketenderinnen nicht übermütig werden zu lassen.

Es war schon eine verrückte Zeit: Da lagen nun seit Wochen acht bayerische Herzöge „allzeit bereit“ auf den Wiesen und in den Wäldern um die bischöfliche Burg und konnten nicht vor und wollten auch nicht zurück. Die Veste im Sturm zu nehmen getrauten sie sich nicht, weil sie von den Regensburgern – einige Vorgeplänkel hattens gezeigt – außerordentlich tapfer und entschlossen verteidigt wurde. Zu allem Überfluß war die Burg auch noch vor kurzem mit doppelten Mauern umgeben worden.

Und ein Rückzug kam nicht in Frage, weil man in diesem Krieg zwischen den Herren und den Städten nicht klein beigeben durfte. Schließlich handelte es sich ja um eine höchst politische Angelegenheit, bei der niemand sein Gesicht verlieren wollte. Vor allem nicht die bayerischen Herzöge.

Für die Hauptleute waren die Probleme nicht so groß. Sie bezogen doppelten und dreifachen Sold und machten sich ein schönes Leben damit. Der Gemeine konnte da nur durch die Finger pfeifen, wenn die Weiber mit den anderen davonzogen. Auf Pump ging nichts bei denen, die Luder wollten Geld sehen. Und das reichte immer nur für kurze Zeit. Wie heute gewonnen, so morgen zerronnen – zwischen den Fingern, zwischen den Schenkeln, in der Gurgel.

Auch die Asse des Juden hielten nicht lange, noch dazu, wenn sie durch drei zu teilen waren und die Fräulein im Handumdrehen die Tarife anhoben.

In solchen Situationen war man für jeden Tip dankbar.

„Ich wüßt genug Silber für dich!" hatte die letzte gesagt.

„Wo?"

„Nicht weit von hier."

„Wo denn?"

„In Sulzbach!"

„In diesem Hungerleidernest liegt das Geld nicht auf der Straße!"

„Auf der Straße nicht, aber woanders."

„Wo denn in drei Teufels Namen?"

„In der Kirche."

„Den Opferstock haben wir selber schon neunmal zerstemmt!"

„Vom Opferstock redet kein Schwanz."

„Sondern..?"

„... vom Gotteshüttchen!"

Damals hatte Andre zum ersten Mal wieder die Stimme der Mutter gehört: „Bub, vergreif dich nicht an einem geweihten Pfarrer und erst recht nicht am Allerheiligsten! Ein Blitz könnt vom Himmel fahren und dich erschlagen, und die Erd könnt sich auftun und dich verschlingen! Oder zumindest der Schlag möcht dich treffen." Aber was macht man, wenn die Weiber so verführerisch sind, und wenn man kein Geld hat, ihre Gunst zu bezahlen!

Der Hund des Pfarrers machte keine Schwierigkeiten. Er wurde mit einem Stück Fleisch herangelockt und dann mit einem Prügel erschlagen.

Heinzel, der jüngste, hatte die Aufgabe, den beiden Kameraden durch das Fenster zu helfen und dann Schmiere zu stehen. Andre und Veit tasteten sich zum Fronwalm (mittelalterliche Bezeichnungen für Sakramentshäuschen) vor, brachen das Gittertürchen mit einer Eisenschiene auf und holten die elfenbeinerne Büchse mit den Hostien heraus. Bevor sie wieder über das Fenster zurückstiegen, ließen sie aus der Sakristei noch drei mit Silber und Gold bestickte Meßgewänder mitgehen und ein silbernes Rauchfaß.

„Wie die heiligen drei Könige!“ sagte Heinzel.

„Ich bin der Kaspar!“ schrie Andre.

„Ich der Melchior!“ plärrte Veit, „und du der Balthasar!“

Aber draußen vor der Kirche ging schon das Feilschen an.

„Ich möcht die Büchse!“

„Ich die brokatnen Gewänder!“

„Das tät dir so passen!“

„Das Rauchfaß wär mir zu wenig!“

„Nein!“ entschied König Kaspar, „Wir teilen gerecht. Aber nicht jetzt! Jetzt ist noch der Segen drauf und die Weihe. Die müssen erst vergehen.“

Aber in Wirklichkeit hörte er die Stimme der Mutter: „Bub, vergreif dich nicht am Geweihten!“

Drei Tage und drei Nächte ließ er sich von seinen Kumpanen drängen und von seinem Gewissen plagen. Dann probierte ers aus und verschenkte das Rauchfaß. Kein Blitz fuhr vom Himmel.

Den Tag darauf machten sie die zweite Probe aufs Exempel und verkauften die Meßkleider an die Geliebte des Hauptmanns. Die wollte sich ein offenherziges Gewand draus schneidern. Sieben Amberger lösten sie ein und teilten sie zwei und zwei und zwei. Um den übrigen würfelten sie. Kaspar gewann, aber keine Erde tat sich auf.

Noch in der gleichen Woche hatten sies durchgebracht, denn die Nächte waren schon lang, wenn man nichts hatte, das wärmte. Aber niemand wurde vom Schlag gerührt.

„Also stimmts nicht, was die Mutter gesagt!"

„Dann kannst die Büchse schon rausrücken!"

„Um die Gurgel tragst sie allerweil, als wärs dein!"

„Und gehörn tut sie uns allen zusamm!"

„Die bringt uns Geld!"

„Denn sie ist aus Elefantenbein, aus echtem Elefantenbein!"

Unwillkürlich fuhr Andreas Hand an seinen Hals und tastete nach dem kostbaren Stück.

„Ihr redet euch leicht. Da sind ja noch die Hostien drin. Was mach ich mit denen? Werds doch nicht glauben, daß mir die einer abkauft?"

Für die Pixa ist bald eine gefunden, die sich interessiert: Die Favoritin des Hauptmanns.

„Aber was mach ich mit den Hostien?" jammert der Kaspar.

„Kann man die essen?"

„Die bringst nicht hinunter, so würgen sie dich in der Gurgel!"

„Es sei denn, du trinkst sie mit Wein!"

„Heißa, mit Wein!"

„Habts einen?"

„Jetzt noch nicht, aber bald!"

Kaspar riß sich den halben Ärmel vom Rock, breitete den Fetzen hin und schüttete die Hostien drauf. Und die Büchse wanderte schneller als schnell in den weiten Kittel der Marketenderin.

In Sulzbach rissen die drei einen Weinkeller auf, sprengten die Tür mit dem Brecheisen. Um den besten zu finden, tranken sie aus jedem der Fässer. Bald wußten sie nicht mehr, wo sie waren und was sie taten, nahmen die Axt und schlugen alles in Stücke.

Vom Lärm waren die Bauern wach geworden. Der Alte kam als erster. Zu seinem Unglück. Dann der Junge mit seinem Weib. Den Bauern schlugen sie zusammen, die Jungen entkamen. Die drei torkelten ihnen nach, fielen und stolperten, blieben schließlich liegen im Wald.

In der Nacht aber hatten sie eine Erscheinung. Drei weiße Gestalten kamen durch die Bäume und Büsche. Kaspar erkannte seine verstorbene Mutter, seinen Vater und seine Schwester. Sie redete auf die Trunkenen ein. Unverständliches Zeug, Wortfetzen und Kauderwelsch. Ein Satz war sogar römisch-lateinisch, wie der Feldprediger es sprach, wenn er sich herausheben wollte aus der Schar der Gemeinen:

„Quod fuimus estis, quod sumus eritis." Den merkte sich der König Kaspar.

Als ihm einer das Wort übersetzte und sagte, daß es hieße: „Was wir waren, das seid ihr, und was wir sind, das werdet ihr sein!", da fiel er auf die Knie und gelobte Abkehr und Umkehr. Vor allem erinnerte er sich der Hostien, die er, in seinen Ärmel gewickelt, mit sich herumtrug, beim Stehlen, beim Essen, im Bett.

Er mußte sie wegbringen, solange er noch konnte. Denn das Gehen fiel ihm jetzt schwerer als noch vor einigen Tagen.

Am Abhang des Breubergs, zwischen den Steinen, fand er ein Loch. Er scharrte es tiefer und legte die Hostien hinein und deckte sie zu mit Erdreich und Steinen und Laub. Kaum, daß er noch zurückkam, so beschwerlich fand er den Weg.

Die Geliebte des Hauptmanns hätte ihn beinah nicht wieder erkannt, so anders sah er jetzt aus. Als er ihr beichtete, was er getan, versprach sie, das geweihte Behältnis der Sulzbacher Kirche zurückzuerstatten und holte aus dem Lager der Landshuter den Geistlichen, einen Bruder des heiligen Franz. Der redete König Kaspar ins Gewissen und brachte ihn so weit, daß er versprach, ihm die Stelle zu zeigen, wo der Leib des Herrn vergraben lag.

Da er nicht mehr gehen konnte, zogen ihn die Knechte mit Stricken hinauf auf den Berg, durch Wald und Gebüsch, über Stock und Stein. Aber gefunden hat er das Allerheiligste nicht. Als das ganze Lager in Unruhe geriet und Pestilenz und andere Heimsuchungen befürchtete, stellte der Oberhauser, der Hauptmann einen eigenen Suchtrupp zusammen mit den besten Spürnasen des Heeres. Und prompt wurde er fündig, entdeckte den zerrissenen Ärmel und die Hostien darin.

Herzog Albrecht – denn die Sache war inzwischen an die höchsten Stellen gedrungen – zog seinen Kaplan zu Rate, und sie kamen überein, noch am gleichen Tag das Hochwürdigste Gut wegzuschaffen auf die Burg Wörth und dort zu lassen, solange die Staufer Pfarrkirche zertrümmert lag und es keine Herberge gab für den gemarterten Herrn.

Während sich der Zug der Wallfahrer formierte und der Minderbruder die eucharistische Litanei anstimmte, schoß Kaspar wie ein geköpfter Hahn zwischen den Prozessionsteilnehmern herum, fuhr hin und fuhr her, stürzte zu Boden, schnellte wieder in die Höhe wie der niedergezogene Stamm einer Birke.

Der Hals des Unglücklichen schien verrenkt, die Augen – so groß wie die Fäuste von Kindern – drehten sich in den Höhlen, die Nasenlöcher wurden weiter und weiter. „So groß, daß man ein Ei drin verstecken kann!" schrie ein Bankert, einer von vielen, die sich im Lager herumtrieben und Zeugen wurden des eigenartigen Schauspiels. Plötzlich lief der ganze Körper des Soldaten schwarz an. „Wie der Mohr bei den heiligen Drei Königen!" lachten die Kinder, und dann war er tot.

Balthasar und Melchior schlichen seitdem im Lager herum, als stünden sie mit einem Fuß schon im Grab.

Die Hauptleute kamen zurück von Wörth und befahlen den Knechten, die Pferde an der Donau zu schwemmen, zu putzen, zu striegeln. Wie nun Balthasar auf dem Roß seines Herrn hinuntertrabte zum Fluß, wo die Frauen zumindest die Füße sich wuschen nach einer anstrengenden Nacht, traf er auch die Dirne des Hauptmanns, wie sie die Büchse herumzeigte und prahlte mit dem kostbaren Stück. Gleich sprach er sie an und erinnerte sie an ihr Versprechen, das Kleinod zurück nach Sulzbach zu geben. Da aber scheute das Pferd vor einer Schlange, die aus dem Gebüsch gekrochen kam, stieg vorne auf und warf seinen Reiter rückwärts ins Wasser. „Helft mir, Leute, der Kaspar holt mich zu sich!"

Schnell reichten ihm die Kameraden den Spieß und zogen den einen mit dem anderen ans trockene Ufer. Das Roß aber schlug aus und zertrümmerte ihm den Schädel, daß das Hirn pickte an den Sträuchern und Stauden.

Melchior, der dritte der Frevler, ließ sich durch das Schicksal seiner beiden Kumpane nicht schrecken und schlich sich in der stockdunklen Nacht an die Dirne heran, langte ihr – geübt ist geübt! – schnell in den Rock, um an die Pixa zu kommen. Das Luder aber schrie, als gings um ihre vermeintliche Unschuld. Der Hauptmann war nicht weit, sprang eilig heran und stach den Burschen ins Herz, daß er umfiel, maustot.

In den nächsten Tagen schon rief der Feldpater auf zu einer Sammlung für eine Glocke. Sie sollte den wirklichen heiligen Drei Königen geweiht sein, deren Gebeine der große Kaiser Barbarossa seinerzeit aus der abtrünnigen Stadt Mailand in die heilige Stadt Köln geführt hatte. „Denn", so sagte der Pater, „die Geschichte von den unheiligen Drei Königen wird weit herumkommen im Land, und da soll zumindest eine Glocke in Stauf das Lob der heiligen Drei Könige künden."

Ob und wie lange sies tat, ist nicht bekannt.

Am Abhang des Breubergs, wo Kaspar die Hostien vergraben und als Missetäter nicht mehr gefunden hatte, lag ein ehemals fruchtbarer Weinberg. Der gehörte dem reichen Regensburger Thoman Sitauer.[1]

Und als nach der ergebnislosen Belagerung der Burg Stauf die Geschichte von den drei unheiligen Königen auch in die freie Reichsstadt gedrungen war, beschloß der durch den Weinhandel zwischen Tirol und Prag zu Vermögen gekommene Herr, auf seinem Grund und Boden eine Kapelle zu stiften zum Lobe Salvatoris mundi, zur Ehre des Retters der Welt. Und die Geliebte des Hauptmanns, nun wieder vieler Pflichten ledig, beweinte ihre Sünden und gab zum Zeichen der Reue die Pixa an die kleine Kapelle.

Dorthin pilgerten bald Hunderte und mehr aus den Dörfern am Strom und aus den Hütten im Wald und aus den Häusern

1 Als man 1993 in einem gotischen Kreuz aus Donaustauf ein in der Kunstgeschichte einzigartiges Schmetterlingsreliquiar entdeckte, wurde die Frage diskutiert, ob nicht Thomas Sitauer der Erbauer der Wallfahrtskirche St. Salvator, auch der Stifter dieses Kreuzes gewesen sein könnte. Dendrochronologische Untersuchungen ergaben, daß das Holz, aus dem das Kreuz geschnitzt worden war, 1389 – also nur ein Jahr nach dem „Städtekrieg" – geschlagen wurde.

der Stadt, und bis in unsere Zeit war St. Salvator eine der bekanntesten Wallfahrten im bayerischen Land.

Die Degenberger Dirn

Eine heimatgeschichtliche Erzählung aus dem Schwarzacher Winkel

An die fünf Fuß hoch lag in den Februartagen des Jahres 1429 der Schnee in den Wäldern um den Kranewittsberg. Nur da und dort zeigte eine dünne Rauchfahne an, daß die Gegend doch nicht so menschenleer war, wie sie den Anschein erweckte.

Hier in diesem abgelegenen Waldwinkel gab es noch ein paar Höfe, auf denen freie Bauern saßen, die weder dem Kloster Windberg noch dem Abt von Metten zu zinsen hatten, – nicht einmal den Herren von Degenberg, deren mächtige Burg da drüben auf dem Bergrücken hockte wie ein lauerndes Unwetter über der Landschaft. Wie lange man sich ihren Fängen noch entziehen konnte, wußte niemand zu sagen. Die Zeichen standen nicht gut. Die habgierigen Ritter nutzten jede Gelegenheit, sich der letzten freien Güter zu bemächtigen, die versteckt in den Wäldern lagen bis hinauf zum Predigtstuhl oder Vogelsang, deren langgestreckter Höhenkamm die Grenze zum Viechtreich bildete.

Chunrat war einer dieser Bauern, die sich bis jetzt geweigert hatten, Haus und Hof wegzugeben, um sie zusammengebunden mit dem Segen der Kirche oder beschützt durch das ritterliche Schwert als Lehen wieder zurückzuerhalten. Ob dies allerdings auch Elsbeth, seiner Tochter, gelingen würde, wenn er einmal das Irdische mit dem Himmlischen vertauschte, das war die Frage, der er schon wieder stundenlang nachhing, während er hier am Grintstein etwas unlustig Brennholz schlug. Eigentlich hätte ihm seine Tochter dabei helfen sollen, aber das Mädchen lag mit Fieber zu Bett, und so war er eben allein in den Wald gegangen.

Als Chunrat während einer kurzen Verschnaufpause gerade einen letzten Brocken Selchfleisch in den Mund schob und noch einmal über das weite Land sah, bis zu der großen Bergkette am Horizont, die zwanzig oder mehr Meilen entfernt sein mußte, da holte ihn plötzlich ein markerschütternder Schrei aus seinen Träumereien zurück. – Noch einmal der entsetzliche Ruf bergabwärts.

Der Holzfäller warf die Axt beiseite und versuchte so schnell wie möglich zu der Stelle zu kommen, wo offensichtlich ein Mensch in höchste Not geraten war. Aber mochte es daran liegen, daß er schon den ganzen Tag in dieser blendenden Helligkeit gearbeitet hatte und sich deshalb nur mehr mühsam orientieren konnte, oder trogen ihn seine Augen – er konnte nichts Verdächtiges bemerken und wollte die Suche schon aufgeben, – wäre da nicht noch einmal ein gellender Plärrer gewesen.

Als nun Chunrat endlich eine kleine Lichtung erreichte, sah er dort in der beginnenden Dämmerung eine dunkle regungslose Masse liegen. Als er näher herankam, erkannte er, daß das ein schwerer Keiler war, fachmännisch mit der „Saufeder“ getötet und schon halb ausgenommen.

Während sich der biedere Mann auf das alles einen Reim zu machen versuchte, brachen plötzlich Berittene aus dem Wald, auch ein paar Fußknechte, und ihre rot-gelben Gewänder wiesen sie als Degenberger aus. Dem Bauern schwante nichts Gutes. Da es töricht gewesen wäre, zu fliehen, blieb er stehen und wartete ab. Einer der Herrenleute ergriff das Wort:

„He, bist du der Chunrat vom Kranewittsberg?“

„Ja. Woher kennst du mich?“

„Wildfrevler wie euresgleichen kennt man eben!“ gab der Reiter spöttisch zurück.

„Ich bin kein Wilderer! Ich habe meine eigene Jagd, oben am Teufelsstein.“

„Ihr Bauernpack habt keine eigene Jagd, auch nicht am Teufelsstein. Das ist alles Bannwald für euch! Aber das wird dir unser Herr Hans schon noch erklären. Wir haben dich hier auf frischer Tat beim Wildern erwischt, und das genügt. Übrigens liegt dein Spieß noch hier!"

„Das ist nicht meiner!" erwiderte der Bauer. Da schlug ihm einer der Knechte mit einem Stecken über den Schädel, daß das Holz splitterte. „Wenn wir sagen, es ist deiner, dann ist es deiner!"

Auf einen Wink des Ritters drangen die Knechte auf den Bauern ein, fesselten ihm die Hände mit Stricken und schleppten ihn durch die Wälder auf die Burg, wo er zunächst einmal in den berüchtigten Turm geworfen wurde.

Als Elsbeth aus ihren Fieberträumen erwachte, war es schon dunkel. Sie rief nach dem Vater. Aber niemand meldete sich. Das Feuer auf dem Herd war längst erloschen. Sie stand auf, stocherte in der Asche, um noch ein Fünkchen Glut zu finden, das ihr das mühsame Feuermachen erspart hätte. Nichts!

Vom Fieber geschüttelt stand sie in der kalten Stube und wartete. Als der Bauer nach einer Stunde noch nicht gekommen war, warf sie sich den Mantel über, fuhr in die Jagdstiefel des Vaters und sappte zum nächstgelegenen Nachbarhof. Auch dort wußte niemand etwas über den Verbleib Chunrats. Auf das inständige Betteln Elsbeths ließen sich aber die Männer und Burschen herbei, noch in der Nacht nach ihm zu suchen. Doch was wollten ein paar Bauern mit ihren Laternen in den großen dunklen Wäldern ausrichten! Nach zwei Stunden brachen sie die vergebliche Suche ab, kehrten zurück und vertrösteten Elsbeth auf den morgigen Tag.

Aber in der Nacht schneite es und auch den ganzen kommenden Tag. Obwohl sich alle Bauern vom westlichen bis zum östlichen Höhenberg zusammengetan hatten und das Gelände durchkämmten: Sie fanden nichts. Der Schnee hatte alle Spuren zugedeckt.

In ihrem Fieberschlaf phantasierte Elsbeth von Mördern und faselte von Folterknechten, so daß die Frauen, die sich an ihrem Krankenlager abwechselten, Mühe hatten, die Wachgewordene zu trösten und ihr die wirren Vorstellungen auszureden. Freilich, der Vater kam nicht wieder.

Drei Tage später – Elsbeth ging es etwas besser – schlug um die Mittagszeit ein degenbergischer Knecht ans Fenster. Er berichtete lakonisch, Elsbeth solle, wenn sie ihren Vater sehen wolle, auf die Burg kommen. Mehr als das und ein höhnisches Grinsen war aus dem Kerl nicht herauszubringen.

Obwohl nun die Nachbarinnen Elsbeth abrieten, in ihrem Zustand heute noch auf die Burg zu gehen, stand sie auf, wusch sich, zog ihr Kleid an, kämmte ihr Haar, warf sich den Mantel über und ging aufs Herrenhaus.

Dort wurde sie von einem der Torknechte in den Burghof geführt, ein anderer erstattete seinem Herrn Meldung. Es mochte etwa eine halbe Stunde vergangen sein, da wurde Chunrat aus einem Kellergewölbe gebracht, und ein Schimmer der Freude flog über Elsbeths fieberrotes Gesicht, als sie sah, daß der Vater noch am Leben war. Bruchstückhaft konnte ihr der Gefangene das Wichtigste zuflüstern.

Vater und Tochter wurden nun in einen düsteren, von qualmenden Fackeln notdürftig erhellten Saal geführt, wo sie Hans der Junge – sein Vater, der eigentliche Burgherr, war schon wieder seit Wochen in politischen Geschäften von zu Hause weg – mit einer Schar Knechte erwartete. So nahe hatte die Achtzehnjährige den jungen Herrn noch nie gesehen. Er mochte höchstens zehn Jahre älter sein als sie, war einen guten Kopf größer und sah nicht so abstoßend aus, wie sein Ruf glauben machen wollte.

Zunächst ließ Herr Hans dem gefangenen Bauern die Fesseln abnehmen. „Wir haben dich“, sprach er ihn an, „in den Turm gelegt, Chunrat, weil du im Bannholz der Wilderei nachgehst.“

„Nein, Herr“, beteuerte der Bauer, „das muß ein Mißverständnis sein. Ich war beim Holzfällen und habe einen Hilferuf gehört. Dem bin ich nachgegangen.“

„Aber du hast doch einen Keiler gestochen und ausgenommen!“

„Wieder nein, Herr! Als ich auf die Lichtung kam, da war die Sau schon tot!“

Da nun erhoben sich einige der Knechte, die Chunrat in die Falle gelockt hatten, und beschworen, sie hätten, zufällig des Weges kommend, mitangesehen, wie der Bauer den Eber mit seinem Jagdmesser ausgenommen habe. So sehr sich auch Chunrat seiner Haut zu wehren versuchte, gegen die Übermacht der falschen Zeugen war nicht aufzukommen.

Aus der Gruppe der Zuhörer winkte nun der Ritter den dicken Burgkaplan heraus, der mit einem Schreibtäfelchen, einem Gänsekiel und einem Fäßlein Tinte anrückte und sich auf einem großen Faltstuhl niederließ.

„Wegen Verstoßes gegen das degenbergische Jagdprivileg", diktierte der Ritter, „erkennen wir Chunrat vom Kranewittsberg die Freiheit ab, die er bis zum heutigen Tag genossen hat. Wir sind aber bereit, ihm seinen Hof als Lehen zurückzugeben, sobald er bereit ist, uns Urfehde zu schwören und gewillt ist, sie auch zu halten."

Kaum hatte der Bauer vernommen, was die Herrenleute mit ihm vorhatten, stand er auf, ging auf den Ritter zu, sah ihm scharf in die Augen und sagte: „Nie! Nie! Niemals! Das bin ich schon meinen Vorfahren schuldig, die sich dort auf dem Berg – und er wies mit seiner Rechten hinauf auf die gerodeten Äcker und Wiesen über dem Grintstein – abgerackert haben ihr Leben lang. Es ist unser rechtmäßiger Besitz; niemand kann ihn uns nehmen!"

„Doch, wir!" lachte der Ritter. „Aber ich sehe, Chunrat, du brauchst Gelegenheit, das alles noch einmal zu überdenken. Du kommst zurück in den Turm, bis dein stolzer Sinn gebrochen ist und wir sicher sein können, daß du nichts gegen uns unternehmen wirst!"

Dann gab der Ritter dem Kaplan die Weisung, alles Weitere zu regeln und verlangte nach dem Hofnarren. Als der kleine verwachsene Mann antanzte, erhielt er den Befehl, dem Bauern die Haare zu schneiden und ihn in den Stand der Gescherten aufzunehmen.

An dieser Stelle versuchte Chunrat noch einmal, das drohende Unheil von sich abzuwenden; er sprang auf, stürzte zum Fenster und war schon im Begriffe, mit einem kühnen Satz in die Freiheit zu entfliehen, aber da hatten ihn die Knechte im letzten Augenblick noch gefaßt und ihn auf einen Stuhl geworfen, daß die Streben krachten. Während ihn einige mit ihren starken Händen festhielten, um einem weiteren Fluchtversuch vorzubeugen, und die anderen die entwürdigende Zeremonie mit ihren derben Späßen begleiteten, hatte der Kaplan Elsbeth beiseite genommen, weniger, um ihr dieses erniedrigende Schauspiel zu ersparen, als sie vielmehr darauf vorzubereiten, daß nach geltendem Gesetz der Ritter das Recht hatte, die erste Nacht ihres unfreien Daseins mit ihr zu verbringen. Und so wie er seinen Herrn kenne, würde er bei ihr – und hier überflog der Kaplan kurz die körperliche Erscheinung des Mädchens – von diesem ius primae noctis mit Sicherheit Gebrauch machen.

Hier nun begann Elsbeth, die bis zu diesem Zeitpunkt dem ganzen stumm und wie abwesend gefolgt war, heftig aufzubegehren. Trotzig stampfte sie mit den Füßen auf und schrie: „Nie werde ich dem Ritter gestatten, mich anzurühren! Die Tochter eines Freibauern ist kein Freiwild für den Herrn!"

Der Kaplan aber riet ihr mit besänftigenden Worten, sie möge sich fügen, da sie sonst alles nur schlimmer mache. Leben und Gesundheit ihres Vaters hingen nicht zuletzt auch davon ab, wie sie sich in dieser Frage verhielte. Es sei nun einmal Recht und Gesetz, daß der Grundherr eine Nacht lang über den Körper einer Leibeigenen verfügen dürfe ... allerdings nur eine Nacht ... die Kirche respektiere diese Gesetze ... länger dürfe freilich diese Gemeinsamkeit nicht andauern, auch wenn der Herr das wolle ... es wäre Sünde.

Elsbeth hörte nur mehr mit halbem Ohr, was der Geistliche da salbaderte und wie er versuchte, Unterschiede zu setzen und Ausnahmen zu rechtfertigen, Standpunkte klarzulegen und verschiedene Auffassungen gegeneinander abzuwägen.

„Nein, nein!" schrie Elsbeth wieder auf, „ich mag nicht, ich kann nicht, ich darf nicht!" Da fing der Kaplan erneut an, auf sie einzusprechen und meinte, sie solle an ihren Vater denken, und sie müsse ja nicht mit vollem Herzen dabeisein.

Herr Hans nahm sich sein Recht, und Elsbeth hatte es zu dulden. Und obwohl sie – wie der Kaplan es formuliert hatte – nicht mit vollem Herzen dabei war, wuchs aus dieser einen Begegnung – und nur aus dieser einen – ein neues Leben heran.

Herr Hans hatte zwar – und auch hier hatte der Kaplan recht vermutet – noch öfter versucht, das Mädchen, das er zum Dienst auf der Burg verpflichtet hatte, für sich zu gewinnen, aber es hatte ihm kein einziges Mal Gehör geschenkt. Ja, je mehr er in sie drang, um so stärker wuchs ihre Abneigung gegen ihn bis zum Haß, den sie schließlich auch unverhohlen zur Schau trug.

Haß schlug aber auch ihr entgegen. Und zwar von Frau Agnes, Hansens ehelichem Gemahl. Die Verbindung der beiden Edelleute war bis zur Stunde kinderlos geblieben. Die Mägde wollten wissen, daß es zwischen dem ritterlichen Paar mehr Zänkereien und Streit gab als Liebkosungen und gute Worte.

Als es schließlich offenkundig wurde, daß Elsbeth ein Kind erwartete, war sie unausweichlich zwischen zwei Mühlsteine geraten. Und je mehr sich das Fürtuch der Degenberger Dirn wölbte, um so stärker wurde sie von der Burgherrin zu den schwersten Arbeiten herangezogen.

Vor allem in der Küche gab es in diesen Tagen mehr zu tun als sonst. Abt Chunrat von der Gotteszell hatte durch seine Knechte den Wildzehent überraschend früh abliefern lassen: ein Dutzend Rebhühner, mehrere Hasen und zwei Rehe. Dieses Wildbret mußte umgehend verarbeitet werden, damit es nicht verdarb. Dazu hatte das Kloster noch zwei Wolfshäute mitgeschickt, die gegerbt werden sollten.

Da für den Spätherbst ein fahrender Sänger angekündigt war und aus diesem Grund zahlreicher Besuch von den Burgställen der Umgebung und auch sonst aus dem baierischen Unterland erwartet wurde, mußte der ganze Palas neu mit Stroh ausgelegt werden. Frau Agnes verlangte auch, daß an allen Fenstern der Burg – und das waren nicht wenige – die Ritzen mit Lumpen ausgestopft wurden, damit man im Winter, wenn der Böhmische vom Kranewittsberg herunterfuhr, etwas weniger unter der furchtbaren Kälte zu leiden hatte.

Als diese Arbeiten beendet waren, nahm die Herrin eines Tages Elsbeth heimlich beiseite und sagte, sie könne ihr ein Mittel verschaffen, eine Medizin sozusagen, wirksamen Kräutersud, bei dessen Einnahme das unerwünschte Leben in ihr abstürbe. Aber die Dirn wies dieses Ansinnen entschieden von sich.

Einige Zeit später sprach Agnes Nothaftin Elsbeth erneut an und sagte, sie hätte bei Herrn Hans ein gutes Wort eingelegt, und er habe daraufhin beschlossen, Chunrat aus der Kerkerhaft zu entlassen. Sie könnten jetzt beide wieder zurück auf ihren Hof, den sie allerdings von nun an von den Degenbergern zu Lehen trügen.

Elsbeth ahnte zwar den wahren Grund für den Sinneswandel ihrer Herrin – offensichtlich sollte ihr Kind nicht auf dem Herrenhof zur Welt kommen -, aber viel wichtiger war ihr, daß der Vater endlich wieder frei sein sollte.

In Anwesenheit des Burgkaplans wurde dann am letzten Sonntag im Oktober nach der Messe Chunrat vom Kranewittsberg mit degenbergischem Gut belehnt. Die acht Monate Haft hatten den schon vorher nicht mehr ganz gesunden zu einem körperlich und seelisch kranken Mann gemacht, der nun nicht mehr gegen diese Besitzumschichtung aufbegehrte.

Bald nachdem Elsbeth am Tag ihrer Namenspatronin einem kräftigen Buben das Leben geschenkt hatte, begann der Vater immer mehr hinzusiechen, und noch ehe der Winter vorbei war, lag der Alte auf dem Schragen.

Das Lehen war damit erledigt, und da Elsbeth nicht verheiratet war, konnte sie auch nicht damit rechnen, daß es an sie ausgetan wurde. Herr Hans gab es einem der zahlreichen Söhne eines anderen Hintersassen und holte das Mädchen mitsamt seinem Bankert wieder zu sich auf die Burg.

Der jungen Mutter war das recht und doch nicht recht. Sie haßte ihren Herrn, wünschte ihm auch schon zum soundsovielten Mal, daß seine Ehe und allenfalls auch weitere Verbindungen kinderlos bleiben sollten, – aber für ihr Kind war es wohl das beste, wenn es in dieser Umgebung aufwuchs.

Elsbeths Bub – seine Mutter hatte ihn, aus Gründen, die preiszugeben sie sich beharrlich weigerte, auf den Namen Georg taufen lassen – wuchs heran, lernte schon vor einem Jahr zu laufen und war bald die Freude und der Zeitvertreib des alten und jungen Weibervolks auf der Burg. Eine besondere Zuneigung zu ihm entwickelte zu aller Verwunderung der bucklige Narr.

Der hieß Hans. Da er stotterte, wenn er sprach, nannte man ihn zum Unterschied von seinem Herrn, Hans den Lall. Dieses Übel fiel aber gänzlich von ihm ab, wenn er sang. Und da er ein beneidenswertes Gedächtnis besaß – Texte und Weisen, die er einmal gehört hatte, prägten sich ihm so sehr ein, daß er sie noch nach Monaten zu rezitieren vermochte -, kannte er eine Menge Lieder mit den verschiedensten Inhalten, angefangen von der Auferstehung des Lazarus bis zu den Taten Dietrichs von Bern, von der grausigen Herzmäre bis zum Loblieb auf die Königin von Aragon.

Darüber hinaus konnte der Lall auch lesen, denn schon in seinen jungen Jahren – er war auf der nordgauischen Burg Wernberg aufgewachsen – hatte er seines Höckers wegen nicht die wilden Bubenspiele mitmachen oder sich gar an Jagden und Turnieren beteiligen können, sondern blieb bei den Mädchen zu Hause, die vom Burgkaplan in die Kunst des Lesens und Schreibens eingeweiht wurden. Agnes Nothaftin hatte ihn dann, als sie Hans von Degenberg heiratete, als ein Stück lebender Aussteuer mit auf den Degenberg gebracht, um im rauhen Waldgebirge wenigstens eine Erinnerung an die heimatliche Burg zu besitzen.

Eine Befähigung des Narren bildete sich allerdings erst auf dem Degenberg heraus: Hans der Lall schien – und das machte ihn natürlich bei den Knechten und besonders bei den Mägden erst recht interessant – in die Zukunft sehen zu können. Schon oft hatte er Ereignisse und die Anlässe, die sie bedingten, Wochen und Monate vorausgesagt. Vor allem dann, wenn im beginnenden Frühjahr oder im späten Herbst die warmen Winde aus dem Süden über die Donauebene in das Waldgebirge heraufströmten und die ferne Alpenkette wie ein schmaler Wolkensaum über dem Horizont stand, überkam es den Narren mit einer inneren Mächtigkeit, die er sich selber nicht erklären konnte und vor der er bisweilen sogar einen tiefen Widerwillen empfand.

Einmal hatte ihn auch Elsbeth gefragt, ob er ihr weissagen könne. Da hatte ihr der Lall lange in die Augen gesehen, ihre

Hände betrachtet und dann prophezeit, daß da in ihrem Leben bald ein junger Mann auftauchte – Jahre später erinnerte sich Elsbeth noch, daß der Lall genau dieses Wort gebraucht hatte –, und daß er auch ein mächtiges Feuer sehe. Als die Dirn erschrak, meinte der Bucklige besänftigend, daß man den Brand in diesem Zusammenhang sicher nur als Feuer der Liebe deuten könne.

Erst sehr viel später erfuhr man auf dem Degenberg, daß am 30. Mai des gleichen Jahres 1431 ein französisches Bauernmädchen, das man die Jungfrau von Orleans nannte (und von dem manche wissen wollten, daß es eine illegitime Tochter Isabeaus de Baviere und des Herzogs von Orleans wäre[1]), in Rouen dem Feuer der Läuterung übergeben worden war.

Aber auch die Deutung als brennende Liebe war nicht verkehrt gewesen. Denn tatsächlich lernte Elsbeth in der nächsten Zeit einen jungen Burschen kennen. Er hieß Ott, war der Sohn der Kramerin von Harpfen und seit einigen Wochen in der degenbergischen Glashütte beschäftigt, die am Ende des Herrschaftswinkels lag, und die nicht nur die Scheiben für die Burgfenster, sondern auch sonst allerlei Glaswaren zu fabrizieren imstande war.

Der Glashüttenknecht hatte auf der Burg ein paar Muster von Nuppengläsern abzuliefern, die die Herrin in Auftrag gegeben hatte. Bei dieser Gelegenheit waren die beiden jungen Leute in ein erstes Gespräch gekommen.

Als nach einigen Tagen die Gläser wieder abzuholen waren, hatte es Elsbeth so einzurichten gewußt, daß sie dem Burschen am Brunnen begegnen mußte. Erste heimliche Treffen im Wald, wohin sie schon in aller Morgenfrühe zum Beerensammeln gegangen war, folgten und waren nur der Beginn eines glücklichen geheimen Liebesverhältnisses.

Bei einem dieser Treffen hatte Elsbeth von Ott einige bunte Glaskugeln für ihren Buben geschenkt bekommen, die bald sein liebstes Spielzeug wurden. Diese gläsernen Schusser waren von feinen farbigen Streifen durchzogen, die beim Kullern die wunderlichsten Muster zeigten. – Niemand hätte damals geglaubt, daß es gerade dieses Spielzeug war, das Elsbeth und ihrem Kind so viel Leid bereiten sollte!

Eines Tages war ein reitender Bote aus der Straubinger Stadt gekommen, der dem Degenberger ein Schreiben seiner Herzöge überbrachte, das ihn mit einer schlagkräftigen Truppe zum Kriegszug gegen die hussitischen Ketzer an die baierisch-böhmische Grenze beorderte.

Als dann am Tag des endgültigen Auszuges der ganze Burghof voller Berittener und reisiger Knechte war, da sahen auch die Mägde und Kinder diesem farbenprächtigen und waffenklirrenden Schauspiel zu. Plötzlich aber bäumte sich der schwarze Hengst des Burgherrn auf und begann so fürchterlich zu wiehern, daß nicht nur die anderen Rosse in Unruhe gerieten, sondern auch die Kinder und das Weibervolk zusammenfuhren. Dem kleinen Georg waren dabei seine bunten Kugeln aus der Hand gerollt, mitten hinein zwischen die wildgewordenen Pferde. Der Bub lief dem hüpfenden und springenden Glas hinterher und wurde dabei so unglücklich vom Huf einer scheuenden Stute getreten, daß er mit zerschlagener Kniescheibe liegenblieb.

Es wurde in jenen Tagen viel versucht, das zerschmetterte Bein des Kindes zu retten. Die Frauen und Mägde schworen auf die heilende Kraft der verschiedensten Kräuter, der Burghauptmann ließ das Kind sogar zum Bruder Apotheker in das Windberger Kloster bringen, Elsbeth verlobte der Muttergottes vom Bogenberg eine dicke Wachskerze, und der Kaplan las eine Messe zu Ehren des heiligen Georg, der ja selbst ein Reitersmann gewesen war, und ein Mädchen – eine Jungfrau allerdings! – aus seinen Nöten befreit hatte. Aber kein Wunder ereignete sich, weder zu Hause, noch im Feld. Das Knie des Kindes blieb steif, und die entscheidende Schlacht vor Taus ging zum Schaden für die Baiern aus, – obwohl der abergläubische Kaplan in seinem blinden Enthusiasmus den Schlag gegen das Knie des Kindes als einen Schlag der Kreuzritter gegen die junge böhmische Ketzerei gedeutet hatte.

Alles Gerät und Hunderte von Reisigen waren ohne einen Schwertstreich in die Hände der Hussen gefallen, selbst das goldene Kreuz des Kardinals Giuliano Cäsarini, sein Hut, sein Mantel, sein Meßgewand – auch die päpstliche Bulle, die den Aufruf des Heiligen Vaters zum Krieg enthielt.

Zwischen dem kleinen Georg und Hans dem Lall entwickelte sich in den nächsten Monaten ein noch herzlicheres Verhältnis als es schon bisher bestanden hatte. Der Narr vermochte sich neben Elsbeth wohl am ehesten in die Lage des Buben zu versetzen, dem nun mit einem Schlage vieles verwehrt war, was Altersgenossen zu tun in der Lage waren.

Wie ein fürsorglicher Vater suchte er ihm bestmöglichen Ersatz zu schaffen. Er brachte ihm Spiele und Liedverse bei, schleppte ihn auf seinen verwachsenen Schultern hinaus in den Wald, machte den Jungen auf die unterschiedlichen Stimmen der Vögel aufmerksam und erzählte ihm allerlei Geschichten von Pflanzen und Tieren. Er schenkte ihm auch eine zauberkräftige Dachspfote, die ihn zumindest vor weiterem Unheil bewahren sollte, und ein geweihtes Amulett mit der rätselhaften Inschrift

S A T O R
A R E P O
T E N E T
O P E R A
R O T A S

das er einmal von einem fahrenden Kleriker erstanden hatte und das vor Hundebiß, Tollwut und Verhexung schützte. Vergeblich hatte er allerdings versucht, zwischen den Wörtern dieses eigenartigen Palindroms und seinem Anwendungsbereich einen Zusammenhang herzustellen. Lediglich ein kreuzförmiges doppeltes PATER NOSTER und die heilbringenden Buchstaben Alpha und Omega konnte er darin entdecken.

Einmal gelang es dem ungleichen Paar, in einer Laubhütte versteckt, durch täuschend nachgeahmte Lockrufe einen besonders schönen Stieglitz zu fangen, für den der Lall aus Weidenruten einen Käfig flocht, der dem munteren Gesellen ein Zuhause bot, auch wenn das nur ein kläglicher Ersatz für das freie, ungebundene Leben war.

Hin und wieder verglich Elsbeth das traurige Schicksal des Vogels mit dem ihres Buben. Und genährt vom Verdacht Otts des Glashüttenknechts krallte sich in ihr immer mehr der Gedanke fest, daß jenes Unglück zu vermeiden gewesen wäre, ja, daß Herr Hans vielleicht sogar mit Absicht das Kind hatte zusammentreten lassen. Gierig sog die Degenberger Dirn solche Mutmaßungen in sich auf, trugen sie doch dazu bei, dem Haß gegen ihren Herrn neue Nahrung zu geben.

Der Degenberger schien die Veränderung im Wesen Elsbeths genau zu registrieren. Und als er die beiden am späten Abend wieder einmal bei der Roßschwemme unter der Burg antraf, als ihre schweißnassen Körper aneinanderklebten, fuhr er mit der Peitsche dazwischen und verbot ihnen in einem plötzlichen Aufwallen unkontrollierter Eifersucht, sich jemals wieder zu treffen. Aber wann ließ sich junges Blut schon einmal die Liebe verbieten? Weil es der Ritter darauf angelegt hatte, sah er sie auch bald wieder, wilde Küsse tauschend – und als einige Tage später während eines heftigen nächtlichen Gewitters die Glashütte über der Weißach abbrannte, beschuldigte der Degenberger den Knecht kurzerhand – und ohne auch nur den mindesten Beweis dafür zu haben – der vorsätzlichen Brandstiftung. Entrüstet wies Ott diese Verdächtigung weit von sich und bestand, als man seinen Beteuerungen keinen Glauben schenken wollte, auf einem Gottesurteil. Herr Hans erklärte sich ohne langes Überlegen damit einverstanden und setzte die Wasserprobe auf den folgenden Sonntag fest.

Bevor Ott am Ende der Messe in der Burgkapelle – wie es in solchen Fällen der Brauch war – die Sakramente empfing, wurde er vom Kaplan noch einmal ins Gebet genommen und eingehend nach Schuld oder Unschuld befragt. Aber der Knecht beteuerte nach wie vor, daß er mit dem Brand nichts zu tun habe.

Nach dem Segen gingen die Teilnehmer in einer Prozession – der Priester mit dem Kreuz an der Spitze – hinunter zur Roßschwemme. Dort sprach der Geistliche eine lange Reihe von Fürbitten über das nasse Element, das nach den Aussagen der Heiligen Schrift schon so oft ein Zeichen des Heils gewesen war, und betete auch für den Beschuldigten, dem er schließlich noch geweihtes Wasser zu trinken gab und Kreuz und Evangelium zum Kuß reichte.

Daraufhin schnürten die Knechte dem Probanden die Hände und Füße mit Stricken zusammen, steckten ihm einen schweren Prügel dazwischen und warfen ihn in den Weiher, wo er am tiefsten war.

Zunächst schwamm die eigenartige Fracht eine Weile an der Oberfläche, bis sich die Kleider vollgesogen hatten und die ganze Ladung zum Entsetzen der meisten, aber auch zur Freude einiger Zuschauer abzusinken begann. Alle starrten wie gebannt auf das Wasser. Erst als nach geraumer Zeit ein Balkenende wieder nach oben kam und schließlich auch der schlammbedeckte Kopf des Glashüttenknechts prustend und spuckend auftauchte, löste sich die Spannung.

Nachdem sich der Gefesselte noch einige Zeit an der Oberfläche gehalten hatte, erklärte der Ritter die Prozedur für beendet. Sie sei aber, wie jedermann habe sehen können, nicht so eindeutig ausgefallen, wie es zum Schluß den Anschein gehabt habe. Und außerdem seien die Gerichte in der letzten Zeit immer mehr zu der Überzeugung gekommen, daß sich Bösewichte irgendwelcher Zauberkräfte bedienten, mittels derer sie sich über Wasser hielten. Er sehe deshalb keine Veranlassung, den Beschuldigten freizusetzen. Einige Zuschauer murrten zwar, aber niemand wagte, gegen den Spruch aufzubegehren. Nur Elsbeth fragte laut: „Seit wann drehen die Herren das Recht so lange, bis es eine Seite zeigt, die ihnen gefällt?" Der Degenberger tat, als hätte er den Zwischenruf nicht gehört.

Während die Knechte Ott in den Turm brachten, winkte Herr Hans seine Magd zu sich heran und untersagte ihr bei strengster Strafe, auch nur zu versuchen, jemals wieder Verbindung mit ihrem Geliebten aufzunehmen.

Und als nach der nächsten Jagd die Teilnehmer noch bis in die späte Nacht hinein im verräucherten Saal beim Trunke saßen, hatte Ritter Hans den Lall beauftragt, genau zu dem Zeitpunkt, wenn Elsbeth mit den Kannen hereinkäme, das Bremberger Lied anzustimmen.

Das Lied ging aber so:

Ich hab gewacht ein winterlange nacht
darzu hat mich ein frewlein bracht
mit jren weissen prüsten,
darnach thet mich gelüsten.

Die Fraw was schon, ihr hendt die waren weiß,
darauff legt der knab seinen fleiß,
sein hertz und all seyn sinne,
mit jr wolt er von hinne.

Dem frewlein kamen leydige mär,
wie das jr bul gefangen wer,
in einen turm geworffen,
darinnen gar hart beschlossen.

Darin lag er wol siben jahr,
sein Barth wart weiß, sein har wardt graw,
Sein mund was jm verplichen,
von der lieben abgewichen.

Mann legt den Bremberger auff ein tisch,
schneid jn zu ryemen wie ein fisch,
sein hertz gab mann zu essen
der Frawen inn einem schwartenn pfeffer.

Nach der fünften Strophe legte der Narr eine kurze Pause ein, um nach wenigen Augenblicken des Abwartens in wesentlich höherer Tonlage – sie sollte eine Frauenstimme vortäuschen – den Faden der Handlung wieder aufzunehmen:

Hab ich hie gessen das junge hertze sein,
so schenket mir ein den külen wein
und last mich darauff trinken,
mein hertz will mir versincken.

Den Becher satzt sie ann den mundt,
und tranck jhn auß biß an den grundt,
neyget sich gegen der wende,
nam gar ein seliges ende.

Die ganze Zeit über hatte Herr Hans seine Magd nicht aus den Augen gelassen und sehr wohl das Zittern bemerkt, das sie überkam, als der Narr mit seinem Gesang den Geliebten in Riemen schnitt, und ihr Verhalten hatte ihm sichtlich Befriedigung verschafft.

Elsbeths Abneigung gegen den Lall war durch dieses Lied wieder um einige Ellen tiefer geworden. Sie hatte ihm immer noch nicht verziehen, daß er seinerzeit ihren Vater geschoren hatte.

Zunächst verschwand allerdings der Bucklige für einige Zeit aus ihrem Blickfeld, da er eine ehrenvolle Berufung erhalten hatte: er sollte auf der Saulburg, wohin sich der baierische Herzogssohn Albrecht mit seiner ihm in Vohburg heimlich angetrauten Gemahlin Agnes zurückgezogen hatte, etwas zur Geselligkeit und Erheiterung des jungen Paares beitragen.

Als er nach Wochen wieder in die Degenberger Burg zurückkam, wußte der Lall viel Neues zu berichten. Besonders hatte es ihm der Liebreiz des Engels von Augsburg angetan. Zum wiederholten Male mußte er Frauen und Mägden davon erzählen, auch berichten, welche Kleider die herzogliche Gemahlin mit Vorliebe zu tragen pflegte, wie sie ihr Haar steckte, wie oft sie ins Bad steige, was es bei Tische gäbe und was derlei neugierige Fragen mehr waren – während die Knechte gerne von gewissen anderen Vorzügen erfahren hätten, aber von ihnen zu berichten war der Lall in mehrfacher Hinsicht überfordert.

Dann kamen Märztage, an denen das Gebirge wieder überdeutlich über dem Strom und seiner großen Ebene stand und der Narr seine „Gesichte“ hatte.

Diesmal erzählte er von einem Kind, das ins Wasser gefallen war und jämmerlich um Hilfe schrie, bis jemand mit einer langen Stange zu Hilfe kam. Da es aber in seinen Vorstellungen einmal ein Knabe und dann wieder ein Mädchen war, lachte man ihn aus und meinte, er werde halt schon alt und sehe nicht mehr so gut, oder es spuke noch immer die Wasserprobe des Glashüttenknechts in seinem Kopf herum.

Nun sollte aber doch verhältnismäßig bald jenes Gesicht Wirklichkeit werden, in dem der Lall ein Mädchen im Wasser gesehen hatte.

In Abwesenheit ihres Gemahls war man nämlich in Straubing zu Gericht gesessen über Agnes, die Badhur aus Augsburg. Man hatte sie zur Hexe erklärt, die den jungen Herzog mit allerlei Teufelszauber in ihren Bann geschlagen und ihm den Kopf verdreht habe.

Der Degenberger hatte bei diesem Prozeß maßgeblich mitgewirkt und war – wie man aus zuverlässiger Quelle erfahren haben wollte – am entschiedensten für eine Verurteilung der Metze eingetreten. Aufmerksame Beobachter der Verhandlungen glaubten bemerkt zu haben, daß jedesmal, wenn der Name Agnes fiel, des Degenbergers Zornader anschwoll, und daß er mit seiner Verurteilung eigentlich nicht Agnes die Bernauerin, sondern Agnes die Nothaftin treffen wollte, die ihm keine Söhne gebar, an die er die väterliche Burg hätte weitervererben können.

Ja, schon Tage nach der wenig ruhmvollen Tat an der Hornstorfer Donau und noch ehe der Burgherr wieder zu Hause war, ging im Schwarzacher Winkel das Gerücht, der schwarzvermummte Reiter, der mit einer langen Stange den in einen Sack eingenähten[2] auftauchenden Körper Agnes immer wieder unter die Wasserfläche gedrückt habe, bis er schließlich kein Lebenszeichen mehr gab und keine Luftblasen mehr aufstiegen, sei niemand anders als Hans von Degenberg gewesen.

Als der Ritter in den letzten Oktobertagen dieses gnadenlosen Jahres[3] nach Hause kam und mit seiner Begleitmannschaft in den Burghof einsprengte, eilten alle zusammen, um zumindest von den Knechten zu erfahren, was sich tatsächlich ereignet und wie es sich abgespielt habe. Aufgeregt schwatzend und gestikulierend stand man beisammen. Auch der Lall war mit Georg in den Hof geeilt, hatte dem Buben seine gläsernen Kugeln in die Hand gedrückt und war auf eine Leiter gestiegen, auf daß er ungestört und aus erster Hand die Neuigkeit erfahren konnte. Und während nun alle Augen und Ohren aufsperrten und durcheinanderredeten, fragten und horchten, gellte plötzlich ein heiserer Schrei über den Hof, sprang über Mauern und Zinnen hinweg, bis hinauf zu den Höhen des Kranewittsberges und hinunter ins Tal: „Jörg! Mein Bub!"

Von einem Fenster der Dürnitz aus hatte Elsbeth gerade noch gesehen, wie ihr Kind, dem allem Anschein nach eine seiner gläsernen Kugeln in den Brunnen gefallen war, über den Rand der nicht zugedeckten Zisterne gekrochen, dort das Übergewicht bekommen hatte und in das finstere Loch hinabgestürzt war.

Zunächst standen alle starr vor Entsetzen. Dann sprangen sie an den Brunnen und sahen hinunter, wo in dreißig oder vier-

zig Klaftern Tiefe nur undeutlich ein blasser farbiger Fleck auszumachen war.

Als die Mutter im Hof ankam, riß sie die schreiende Menschentraube auseinander und wollte geradewegs über den Brunnenrand steigen – wenn sie nicht die Knechte mit Gewalt zurückgehalten hätten. Einige Burschen hatten inzwischen lange Stangen herangezogen, aber sie reichten nicht einmal zu einem Drittel in den gähnenden Schlund hinein. Einige Zeit stand Elsbeth ohne Bewegung und mit stierem Blick da, bis sich die Starre wieder löste und sie von Weinkrämpfen geschüttelt wurde, – dabei stieß sie Verwünschungen gegen die Burg aus, wie sie bis dahin wohl nur im dickwandigen Faulturm geschrien worden waren: „Verflucht sein soll dieser Ort für alle Zeit! Verbrennen soll er in einem riesigen Feuer, und eine Mauer soll auf die andere stürzen. Dornhecken sollen hier im Burghof wachsen, mannshoch, und Bäume auf den Resten der Türme. Das Geschlecht seiner Herren aber soll aussterben und in die Vergessenheit zurückkehren..."

Niemand fiel Elsbeth ins Wort. Stumm und betroffen hörten alle zu, bis die Dirn am Rand des Brunnens ohnmächtig in sich zusammensackte.

Ein markerschütternder Schrei hatte vor sechseinhalb Jahren das Schicksal der Freibauerntochter auf eigenartige Weise mit der Burg zusammengebunden; mit einem Schrei, der durch Mark und Bein ging, versuchte sie, den einzigen Besitz, der ihr noch verblieben war, aus dem Abgrund zurückzuholen. Da ihr das nicht gelingen konnte, verlor sie darüber – um wenigstens überleben zu können, auch noch den Verstand.

Während einige Knechte darangingen, mit einer Strickleiter in den Brunnen hinunterzusteigen, redete sie plötzlich wirres Zeug, raffte das nächstbeste Stück Holz vom Boden auf, wiegte es in ihren Armen wie ein Kind, herzte und küßte es und sang ihm ein Schlaflied.

Am nächsten Morgen stellte man fest, daß Elsbeth unbemerkt aus der Burg verschwunden war; niemand wußte, wohin. So viel man auch in den kommenden Wochen und Monaten nach ihr fragte, niemand konnte angeben, wo sie sich aufhielt. Man wollte sie einmal hier gesehen haben und dann wieder dort, manchmal sogar zur gleichen Zeit. Vor allem, wenn irgendwo in der degenbergischen Herrschaft ein Feuer ausbrach, eine Viehseuche grassierte oder sonst ein Unglück blindlings daherkam, sollte sie nach der Meinung der Leute ihre Hand im Spiel gehabt haben.

Bis dann, dreiunddreißig Jahre später, am 23. Juni des Jahres 1468, die Ritter Georg vom Donnerstein, Hans Treswitzer und Gallus Moser gutherrlicher Streitigkeiten mit dem Burgherrn wegen den Degenberg mit achtzig Reitern und hundert Knechten überfielen. Hans IV., ein Neffe Hans III. – die Veste war inzwischen für eine jährliche Rente von 100 Pfund Regensburger Pfennigen auf ihn übergegangen -, war nicht zu Hause, wohl aber Hans der Alte, wie er inzwischen genannt wurde, sein kinderlos gebliebener Oheim.

Inmitten des wüsten Haufens der Kriegsknechte, die den Degenberg stürmten, sah man auch eine alte Vettel, die mit krächzendem Geschrei, flatterndem Haar und aufgeschlitztem Gewand den Soldaten vorauseilte, mit bloßen Fäusten gegen das Tor hämmerte und mit ihren Nägeln das Holz der schweren Bohlen zu zerkratzen begann. Das wütende Weib ließ selbst dann nicht von seiner zerstörerischen Arbeit ab, als die Verteidiger darangingen, aus den Pechnasen siedendes Wasser und allerlei Unflat auf die Angreifer herunterzugießen.

Als die Burgleute in diesem Gestalt gewordenen Vernichtungswillen die Degenberger Dirn erkannten, erschauderten sie und begannen schließlich, angstvoll zurückzuweichen: die leibhaftige Rachsucht war an die Stätte zurückgekommen, an der sie einst drei Leben verloren hatte: das ihres Vaters, das ihres Kindes und das ihres Geliebten.

Während die Soldaten die Burg besetzten und von ihrer Einrichtung raubten, was nicht niet- und nagelfest war, kauerte Elsbeth am Rand der Zisterne, blickte die ganze Zeit starr und stumm vor sich hin und erlebte noch einmal, was sich an jenem späten Oktobertag des Jahres 1435 hier am Brunnen abgespielt hatte.

In der hereinbrechenden Dunkelheit stand sie dann auf, um vor Hans den Alten zu treten und die Vergeltung auszukosten, auf die sie fast vierzig Jahre gewartet hatte.

Von diesem Zeitpunkt ab hat man die Degenberger Dirn nicht mehr gesehen. Die einen glaubten, sie habe sich in der Nacht, in der die Knechte eine große Siegesfeier hielten, in den tiefen Schacht hinuntergestürzt, andere nahmen an, der Degenberger habe sie über die Burgmauer werfen lassen, dritte munkelten, sie sei mit dem Donnersteiner in die Deggendorfer Gegend verzogen, und wieder andere wollten wissen, daß sie mit dem Teufel einen Bund geschlossen und ihm ihre Seele verkauft habe, wenn er ihr hülfe, die Burg Degenberg aus der Landschaft und aus dem Bewußtsein der Bewohner des Schwarzacher Winkels zu tilgen....

1 Der über Hofgeheimnisse bestens informierte William Shakespeare läßt 60 Jahre später in 'Heinrich VI.' die Jungfrau den Richtern entgegnen:
„Laßt mich euch sagen erst, wen ihr verdammt: Nicht eine, die erzeugt von Hirten auf der Flur, nein, aus der Könige Geschlecht entsprossen ...“

2 Auch der französische Haudegen Pierre de Giac, ein Günstling des Dauphins (Karl VII.) war 1426 in einen Sack eingenäht, dem Wasser überantwortet worden. (Vorher hatte er noch gebeten, daß man ihm die rechte Hand abhacken möge, damit er doch noch in die Ewigkeit eingehen könne: er hatte sie nämlich früher einmal dem Teufel verpfändet.)

3 Einen Tag nach dem gewaltsamen Tod der Agnes Bernauer wurde der Leichnam der französischen Königin Isabeau de Baviere, die am 30. September in ihrer verödeten Residenz Saint-Paul gestorben war, zum feierlichen Totenamt in die Kathedrale Notre Dame übergeführt und später auf einem ärmlichen Flußboot seineabwärts (der Landweg war zu gefährlich!) nach St. Denis gebracht.

Anmerkungen:

Die Gestalten der niederen Leute dieser Erzählung und die mit ihnen in Zusammenhang gebrachten Begebenheiten sind historisch nicht belegbar, doch wurde versucht, sie den nachweisbaren Zu- und Umständen der damaligen Zeit anzupassen und den tatsächlich existierenden Herrschaften zuzuordnen.
Die sog. „Herzmäre“ wurde nach einer oberdeutschen Fassung des 15./16. Jahrhunderts zitiert.
Wolfgang Folger und Gerhard Schormann nahmen die vorliegende Erzählung als Grundlage für ein historisches Freilichtspiel, das im Sommer 1981 in Schwarzach uraufgeführt wurde.

Überzählige

Eine bayerische Erzählung vor dem Hintergrund des 19. Jahrhunderts

Sie war das ledige Kind einer Dienstmagd aus dem Vorwald. Ihre Mutter hatte sie in jungen Jahren als „Mitbringsel" eines Erntesommers in einem Bauch voller Angst aus dem Gäuboden mitheimgebracht. So war Marie – der Pfarrer, der sie getauft hatte, hatte mit einer Hartnäckigkeit sondergleichen auf diesem Namen bestanden – von Anfang ein ungeliebtes Kind gewesen. Und als die Mutter schließlich einen versoffenen Tagwerker heiratete, ging das Mädchen erst recht im Weg um. Mit neun oder zehn Jahren kam es deshalb – wie fast jedes dieser unehelichen Kinder – zu einem Bauern der Umgebung, wo es sich als Hütmagd wenigstens das Essen verdiente.

Bar jeder Schulbildung, aber aufgeschlossen den vielen Eindrücken gegenüber, die auf sie zuströmten, voll tiefen Mißtrauens gegen ihre Umwelt, aber dankbar gegen alle, von denen sie Gutes erfuhr, durchlebte Marie eine Kindheit, die keine war.

Durch einen Schmuser und Viehhändler, einem jener lebendigen Bindeglieder zwischen drüben und herüben, wurde das Mädchen schließlich einer der Pfatterer Wirtschaften „verraten" und so wechselte es seine Heimat, die auch keine war, gegen eine noch fremdere Umgebung.

Die Wirtsleute hatten kein schlechtes Geschäft gemacht. Denn arbeiten konnte die kleine Waldlerin. Sie putzte die Stube und wusch die Hemden, mistete den Stall und fütterte die Schweine. Im Dorf fiel sie weiter nicht auf, das heißt, bis auf das eine Mal, als sie sich an einem Sonntag bei den Stallarbeiten verspätet hatte und sie gerade in dem Augenblick die Kirche betrat, als der Pfarrer von der Kanzel herunter die Frage in das Volk schleuderte: „Und wo kommt dieses Übel her?" Er hatte die Wirtshaushockerei seiner Bauern gemeint, aber das Mädchen hatte die Frage auf sich bezogen und schuldbewußt geantwortet: „Von Frauenzell, Herr Pfarrer!"

Das hatte damals ein großes Gelächter gegeben, und noch Wochen später erzählte man die Geschichte Einheimischen und Fremden; aber dann gab es bald wieder andere und vor allem wichtigere Ereignisse, und das „Übel“ wurde nicht weiter beachtet. Auch für die Burschen war es mit seinen dreizehn, vierzehn Jahren noch nicht interessant genug.

Das änderte sich, als Marie heranwuchs und eine „Figur“ bekam, zu der nicht zuletzt das gehörte, was man hierzulande als „Holz vor der Hüttn“ bezeichnete. Aber für etwas „Ernsthaftes“ kam sie auch jetzt nicht in Frage. Sie war keine der Hiesigen, und wer wollte im Gäuboden schon eine Waldlerin heiraten! Vor allem war keinerlei Aussteuer zu erwarten, von einem „Heiratsgut“ gar nicht zu reden! So fielen also die Angebote, die sie erhielt, zweideutig – das heißt, letztendlich doch wieder eindeutig – aus. Diese aber lehnte Marie ab. Zu deutlich stand ihr das eigene Schicksal und das ihrer Mutter vor Augen.

Beneidenswert waren sie schon, die gleichaltrigen Bauerntöchter, wenn sie, prächtig ausstaffiert, mit ihren Burschen zum Tanz gingen. Und wenn man daran dachte, daß es in Pfatter im Jahr mehr als dreißig Tanzveranstaltungen gab...

Auch sonst war der Pfatterer Jahreslauf recht abwechslungsreich: Postkutschen kamen durch den Ort mit feinen Damen und noblen Herren, Zigeunerwagen zogen durch, von rassigen, schwarzgelockten Burschen gelenkt, junge Gendarmen arretierten pflichtbewußt Landstreicher und Handwerksburschen und verkörperten auf diese Weise Recht und Ordnung. Und dann die vielen Fuhrleute, die hier zu gemütlicher Rast einkehrten! An manchen Tagen war es an die zwei Dutzend. Wenn es auch rauhe Gesellen waren, so waren sie doch immer zu einem Scherz aufgelegt und man konnte viel Neues von ihnen erfahren.

Zur Erntezeit schließlich kamen die Böhmen aus dem Land hinter dem Wald, und ehe sie nach dem Hopfenpflücken in der Holledau wieder nach Hause zogen, blieben sie noch für ein paar Tage zum Kartoffelklauben und zur Rübenernte.

An den Feiertagen bevölkerten die Gäubauern mit ihren Familien die fünf Bierkeller des Ortes, und Marie hatte dann erst recht alle Hände voll zu tun. Auf den dazugehörigen Kegelbahnen johlten die Burschen und warfen die Kugeln oft bis in die späte Nacht hinein. Und bis zum Überdruß sangen sie ihre „Nationalhymne“:

„Drei Radi, drei Roubn,
drei Pfatterer Boubn,
dö sand so raß,
daß s´der Teifi net fraß!“

Im Herbst gingen die Bauersleute auf Wallfahrt zum Heiligen Blut nach Niederachdorf, oder auch zum Bogenberg, oder – wenn etwas Gravierendes anstand – gar nach Altötting. An solchen Tagen hatten die jungen Leute meistens ein lustiges Leben, denn oft war niemand zu Hause, der ihnen auf die Finger gesehen hätte, und dann gingen sie eben auch wallfahren, – auf den Heuboden! Denn diese seltene Gelegenheit mußte man nützen! Um so mehr verdroß die Burschen, daß das „Übel“ nicht mit sich handeln ließ und sich selbst den verlockendsten Angeboten gegenüber taub stellte. Und so beschloß diese Gemeinschaft der Abgeblitzten, der Spröden bei der nächsten sich bietenden Gelegenheit einen gehörigen Denkzettel zu verpassen.

Kirchweih, das „bayerische Gloria mit Fettflecken“, stand an. Das ganze Dorf roch nach Gänsebraten und Gebackenem. Klarinetten und Geigen ließen sich nur noch mit Mühe zurückhalten. Kaum war der Gottesdienst zu Ende, herrschte in den Pfatterer Wirtshäusern schon Hochbetrieb, auch beim Stögmüller, wo Marie im Dienst stand und an solchen Tagen in der Wirtsstube auszuhelfen hatte. Gegen Abend zu legten es einige Burschen ganz unverhohlen darauf an, das Mädchen „aus der Ruhe zu bringen“.

„Deandl, bei dir rauchts! Mir werdn dir an Rauchfangkehrer schicka müassn!“ schrien sie ihr unverblümt über den Schanktisch zu. Wer die derbe Redensart kannte, gröhlte mit der Menge mit. Da Marie zumindest ahnte, was damit gemeint sein könnte, kam es ihr wie eine Erlösung vor, als sie die Wirtin in die Küche rief und sie mit einem Korb „Kirchweihsachen“ zu einer Verwandten nach Gmünd schickte, die seit einigen Tagen krank im Bett lag.

Marie war froh, daß sie auf diese Weise der dumpf-schwülen Wirtshausluft entkommen konnte. Sie schlüpfte in ihre Stiefel, warf sich ein Tuch über, packte den Korb und machte sich durch das untere Dorf auf den Weg in das eine gute Stunde entfernte Gmünd. Die Straße führte an der alten Salzschifferkirche St. Nikola vorüber, einer Gegend, die ihr schon immer ein bißchen unheimlich gewesen war, selbst am Tag, wenn sie etwa nach den Arbeiten in der Küche und im Stall zum Heuen in die Wiesen am Salzerbrückl geschickt wurde, – und um wieviel mehr jetzt in der Nacht!

Man hatte ihr schon öfter erzählt, daß zu bestimmten Zeiten Hexen auf ihren Tanzplatz im Pfatterer Moos ritten:

„Hurenbock und Kinderschädl,
Teufelskuß und Ziegenschwanz....“

Auch mit der Wilden Jagd war nicht zu spaßen, die im Herbst und im Winter über die Felder fuhr und manchmal Wanderer bis über die Donau trug, um sie dort mirnichts, dirnichts fallen zu lassen. Hinter den Schilfstengeln gluckste das Wasser geheimnisvoll und bedrohlich. Hier war es wohl gewesen, daß vor langen Jahrhunderten eine große Zahl hunnischer Reiter in der Donau ertrunken war, als sie gegen Regensburg zogen.

Irgendwo glaube Marie plötzlich einen hellen Schein wahrgenommen zu haben. War es am Ende eine von jenen seltsamen Lichtkugeln, die nach den Erzählungen der Alten durch das Riedgras hüpften oder auf den Weidenstrünken saßen und einen unbedachten Menschen in die Irre gehen ließen? Oder war es gar einer von den feurigen Hunden, die man nachts am Lausser, bei der Römerbrücke und in der Rosloh antreffen konnte?

Marie ging schneller, fing sogar zu laufen an, soweit der schwere Korb dies zuließ. Aber je mehr sie sich bemühte, sich diese Geschichten aus dem Kopf zu schlagen, um so mehr fielen ihr ein. Da war zum Beispiel noch das Pestmännlein, das sich in einer stürmischen Nacht nach Pfatter hatte übersetzen lassen, um dem Dorf den Tod zu bringen. Oder der schwarze Wasserreiter, der als Überzähliger aus dem Nichts auftauchen und ebenso schnell wieder verschwinden konnte, – oder jener Fuhrmann, dem der Teufel wegen seiner unehrlichen Machenschaften zwischen Griesau und Pfatter das Genick abgestoßen hatte. Und der betrügerische Getreidehändler, der Nacht für Nacht auf seinem Hof umgehen mußte, weil er falsche Maße und Gewichte verwendet hatte! Und der Fischräuber, den man eines Morgens hier bei St. Nikola ertrunken in der Donau aufgefunden hatte. Man sagte, daß er schon halb von den Fischen aufgefressen gewesen sei.

Bis nach Gmünd war Marie von den gespenstischen Geschichten nicht mehr losgekommen. Die kranke Frau aber wollte sie mit ihren Ängsten nicht belasten.

Zitternd trat sie also den Rückweg an. Und wirklich. Hier raschelte es verdächtig im Schilf, und lief dort nicht einer durch die Wiesen? Vom Altwasser her pfiff und heulte der Wind, oder war es der Totenvogel?

Plötzlich waren da tatsächlich ein paar Burschen, die neben ihr herliefen und mit Gerten nach ihr schlugen. Einer kam ihr so nahe, daß er ihr sogar mit einem Stecken unter den Rock langen konnte. Marie schrie, lief schneller, stürzte hin, rappelte sich wieder auf, stürzte wieder.

Die Burschen, die ihr aufgelauert hatten, um sie zu verängstigen und ihr die „Geziertheit“ abzugewöhnen, veranstalteten ein wahrhaft dämonisches Haberfeldtreiben. Je näher die wilde Meute dem Dorf kam, um so lauter plärrte sie ihre anzüglichen Sprüche und Lieder.

Außer Atem und am ganzen Körper schweißnaß taumelte Marie in die Gaststube. Der Wirtin fiel zwar das verstörte Wesen des Mädchens auf, sie schrieb es aber einer allgemeinen Angst vor dem nächtlichen Weg zu. So bestand sie auch darauf, daß Marie weiter in der Gaststube aushalf, wo sie bald wieder zur Zielscheibe zweideutiger Bemerkungen wurde.

„Wia geht's deine Füaß?“ fragte einer, der offensichtlich bei der Hetzjagd beteiligt gewesen war. „Paß nur fleißig auf, daß dir nix dazwischen kimmt und du dich niederlegen müaßast!“

Der nächste wurde noch etwas deutlicher:

„Jetz Deandl, lus amol her,
mei Vater is a Schreiner,
der macht dir a Wejgn,
und was neighört, hast ghört,
dös machen dir mir!“

Dann stieg der Binder auf den Tisch und sang mit seinem mageren Falsett:

„... und i bind dir dei Faßl,
daß koa bissl mehr rinnt!
Und wenn dann der Zapfn...“

- aber da wird er jählings aus dem Konzept gebracht. Einer der Gäste greift ein. Ein Unbekannter, der kein Recht hat, hier mitzumischen. Mit fremd klingenden Worten und einer eigenartigen Fistelstimme sagt er: „Werdet ihr jetzt in Ruh lassen des Meddchen? Habet doch endlich Rachmones (Erbarmen) mit ihr!“

Ein junger Jud ists, ein Mosesjünger!

„Ja schaugh eahm o!“ Mit einem Schlag wendet sich das allgemeine Interesse von Marie ab und dem Juden zu. „Hast ghört'“, sagt einer, „der Saujud möchte aa mittun.“ „Das kann er scho habn!“ läßt sich ein anderer vernehmen. Dann steht ein dritter auf und bemerkt so nebenbei: „I glaub, da is oaner überzählig!“ Und bevor man recht sieht, was los ist, schlägt er dem Juden einen Bierkrug auf den Kopf und stößt den Getroffenen unter den Tisch. Aber flink wie ein Wiesel sucht sich der Angegriffene zwischen den Beinen der anderen eine Lücke, und schon ist er hinaus beim Tempel, stürzt die Bodentreppe hinauf und sperrt sich in seinem Zimmer ein. Eine Blutspur markiert seinen Fluchtweg.

Die Marie hat das alles ein wenig ungläubig mitangesehen und weiß nicht recht, was sie davon halten soll. Schließlich holt sie sich ein paar Tücher und eine Schüssel warmen Wassers und geht nach oben, gibt sich zu erkennen und läßt sich aufmachen. Dann fängt sie ohne Worte an, dem blessierten Juden, der auf der Kante der Bettstatt hockt, die Platzwunden am Kopf abzutupfen. Als sie damit fertig ist, bedankt sie sich mit ein paar unbeholfenen Blicken für sein Dazwischentreten. Aber da hat sie der junge Mann schon zu sich auf das Bett gezogen, und Marie weiß nicht, wie ihr geschieht. Sie vermag sich nicht mehr zu wehren; wie gelähmt läßt sie ihn in ihrer Hilflosigkeit gewähren.

Als sie nach einer Viertelstunde wieder in der Gaststube erscheint, seltsam verstört und wie eine Traumwandlerin sich bewegend, hört sie von ferne jemanden fragen: „Und wie wars mit dem Juden?“, und zu den anderen gewendet: „Da werdn mir aber kaam eigladn werdn zum Taufschmaus, da kommen scho andere: Juden, Zigeuner, Waldler...“ Und von irgendwoher fliegt das Wort „Judenhur!“ durch die rauchgeschwängerte Stube.

Marie bekommt einen brennroten Kopf, ihre Bewegungen werden hektisch und unkontrolliert.

Jetzt beginnen die Burschen, Schnaderhüpfl zu singen:

„Da is amol oane gwen,
die wollt nix wfissen vo uns,
die hat si aber recht gern
mit am Saujudn abgebn...“

Da wirft Marie mit einem Mal sechs, sieben Maßkrüge auf den Tisch und stürzt hinaus, rennt mit fliegenden Haaren und aufgelösten Kleidern durch das Dorf, hinunter nach St. Nikola, geradewegs zur Donau. Der Spuk von vorhin ängstigt sie nicht mehr. Die Wilde Jagd ist jetzt in ihr, die Hexen, die ins Pfatterer Moos reiten, sind ihre Schwestern, der Überzählige ist sie selber, der Fischräuber, der kopfüber im Schlamm steckt, ist ihr Vater, die Donau ihre Mutter.

Für eine kurze Zeit verweilt sie, hört in die Finsternis hinaus. Aber da ist nur das schwere Pochen ihres Herzen, nichts anderes.

„Mutter!“

Marie weiß nicht, ob sie sich nach rechts oder nach links wenden soll. Irgendwo mußte das Wasser sein, das schützende Wasser mit den sanften Händen, der einzige Mutterleib, in den man wieder zurückflüchten konnte: das Wasser, das Wasser, das Wasser.

Tags darauf findet man sie in den Binsen des Ufers. Mit ihrem Gesicht sieht sie hinunter auf den Grund, so als suche sie noch immer die Geborgenheit, die ihr im Leben nicht zuteil werden konnte, da sie als Überzählige in dieser Welt keinen Platz hatte.

Nach diesem Ereignis schien es müßig, die Frage zu erörtern, wie sich Marie verhalten hätte, wenn sie gewußt hätte, daß das ganze ein abgekartetes Spiel gewesen war. Der Jude sollte nur eine einstudierte Rolle spielen, wobei ihm freigestellt war, wie weit er gehen wollte. Als Belohnung war ihm versprochen worden, daß man ihm bei der anstehenden Versteigerung eines Hofes freie Hand ließ.

Nach dem Vorfall blieb er zunächst für einige Zeit unauffindbar, als er dann aber eines Tages wieder auftauchte, wurde er von den Urhebern der Geschichte aus Angst, er würde nicht „dicht" halten, nächtens mit ein paar Messerstichen vom Leben zum Tode befördert und in die Donau geworfen. Schließlich war ja auch er ein Überzähliger!

Jene aber, die an das Sprichwort geglaubt hatten, daß sich alles Ungerechte auf der Erden räche, wurden enttäuscht. Kein Unglück brach über die jungen Männer herein, die zwei Leben auf dem Gewissen hatten.

Jeder heiratete standesgemäß eine der zahlreichen Bauerntöchter, zeugte gesunde Kinder, ging am Sonntag zur Kirche und einmal im Jahr – und zwar, wie vorgeschrieben, in der österlichen Zeit! – zur Beichte und brachte es zu Ansehen und Wohlstand. Und das war es, was zählte, und nichts weiter!

Anmerkung:
Die vorliegende Erzählung fußt auf einer vom Steinacher Schloßbenefiziaten Joseph Schlicht (1832-1917) überlieferten Begebenheit. Obwohl ich Tausende von Sterbebucheintragungen jener Zeit durchgesehen habe, konnte ich nicht herausfinden, in welcher Gemeinde sich im vorigen Jahrhundert das von Schlicht berichtete Geschehen ereignet hatte.
Da es sich allem Anschein nach an der Donau zwischen Regensburg und Straubing abgespielt haben dürfte, habe ich es in meiner Nachgestaltung – stellvertretend für alle in Betracht kommenden Orte – in der größten Gäubodengemeinde an der Poststraße Frankfurt – Wien angesiedelt, in jenem Dorf, das (um 1870) bei rund 1100 Einwohnern immerhin sechs gut florierende Brauhäuser besaß und dem schon von jeher eine gewisse Lebenslust und Ausgelassenheit bescheinigt wurde.

– und soll auch ein Schwarzer unter ihnen sein!

Auszüge aus einem fiktiven Tagebuch

Um auch „Geschichte von unten" zu Wort kommen zu lassen und um das entsprechende zeitgeschichtliche Kolorit etwas besser vermitteln zu können, wurde bei den folgenden kurzen Geschichtserzählungen die literarische Form des fiktiven Tagebuchs gewählt, d.h. die Rahmenhandlungen um die konkreten Ereignisse sind mehr oder weniger erfunden, die Reflexionen darüber versuchen aber, der Mentalität der jeweils dargestellten Zeit so weit wie möglich gerecht zu werden.

21. Januar 1100

Hab heut am Wetzstein oben zwei böhmische Händler getroffen, solche, die Kupfer und Bernstein an die Donau bringen und dort gegen Salz vertauschen. Haben von einem Einsiedel erzählt, der mitten im Pröllerwald haust und den Leuten hilft, wenn sie nicht mehr weiterwissen. Läßt sie sogar über Nacht bleiben bei ihm. Als sie aber diesmal an seine Hütte gekommen, ist alles ganz durcheinander gewesen. Die Glut verloschen, das Brot verschimmelt, nur Mäuse haben auf dem Tisch herumgetanzt ... Und in der Ecke haben die zwei ein Hackl gefunden, war ganz blutverschmiert.

Hat aber der Einsiedel noch einen Gesellen, sei draußen gesessen vor der Klause und hat seinen Kopf immer an einen Baum geschlagen und unverständliches Zeug dahergeredet.

Meinten die Säumer, ich sollt nach Windberg laufen zum Herrn Grafen und ihm Meldung machen. Denk aber, er wird es schon von anderen hören, geht ja auch eine Gabel des Weges an die Bogener Donau, liegt näher dran an Windberg.

12. Juni 1219

Hat heut nacht der Mond wieder einen großen Hof gehabt wie im vorvorigen Jahr, als unser Ruodwin mit den Herren mitgezogen ist ins Heilige Land und haben die Hunde gewinselt wie damals.

Ist dann gegen Mittag ein Knecht der Bogener in den Hof gesprengt und hat uns gesagt, daß der Ruodwin nicht mehr kommt. Weil er im Nil-Fluß verbrannt ist, zusammen mit dem Hugo von Degenberg. Wollten das ganze nicht glauben, weil man ja in einem Wasser nicht verbrennen kann. Aber der Knecht hat beim Leib unseres Herrn Jesus Christus geschworen, daß das wahr ist, daß die baierischen Ritter einen schwimmenden Turm gebaut haben, mit dem sie die Bastion der Ungläubigen haben erobern wollen und daß dieser Turm zusammengebrochen und verbrannt ist. 40 Ritter und Knechte sind so auf einmal in den Himmel gefahren, darunter Graf

Berthold und unser Ruodwin. Nur gut, daß das seine Mutter nicht mehr mitbekommt, weil sie verrückt ist. Die Gnad Gottes sei auf ihnen allen!

21. November 1475

Er wird halt etwas zu viel Wein erwischt haben, der Georg, und alles viermal gesehen haben. Oder es ist ihm in den Kopf gestiegen, daß ihn unser Herr Hans als Stallburschen mitgenommen hat nach Landshut. Ist nämlich der Degenberger auch eingeladen gewesen zu der Hochzeit, heut vor einer Woche, als der Erzbischof von Salzburg den Junker Jörg von Niederbayern zusammengetan hat mit Jadwiga, der 17jährigen Tochter des Königs von Polen.

Daß unser Georg den allerdurchläuchtigsten Kaiser Friedrich gesehen haben will, können wir ihm zur Not noch abnehmen. Aber 25 Fürsten – sagt er – sollen dabeigewesen sein. 25 auf einmal! Wo doch unser Herr Jesus Christus nur 12 Apostel gehabt hat ...! Und 6000 fremde Pferde sollen in der Stadt Landshut gewesen sein. Und über 3000 in den Dörfern außerhalb der Stadt. Nicht zu glauben. Zur Verköstigung der Leut sollen 232 Ochsen geschlagen worden sein, über tausend ungarische Schafe gestochen, fast dreihundert Schweine, dazu 75 Wildsäue, 12000 Gänse, 40000 Hühner ... Nicht zum Ausdenken. An die tausend Fässer Wein sollen sie ausgesoffen haben, die Herren und ihre Begleitungen ... Das Festmahl soll 32 Gäng gehabt haben ...

Nur gut, daß wir zu Oberbayern-München gehören und nicht zu Niederbayern-Landshut! Da können sich die Bauern im Unterland wieder tappig zahlen ...“

2. Oktober 1481

Hat heut der Degenberger, unser Durchläuchtigster Herr, ein Kuchlmensch aus dem Schloß zu uns geschickt um Eier und Fleisch, weil sie dort schon wieder ein Fest haben. Sind nämlich die bestellten Gaukler aus München ein paar Tage früher angekommen als angefriemt.

Das Kuchelmensch sagt, die Morisken (wie man diese Leute in der Stadt nennt) springen in die Höhe, hoch wie ein Türstock, verrenken ihre Glieder, haben Schellen und Glocken an

den Füßen und machen die seltsamsten Kunststück. Soll auch ein Schwarzer unter ihnen sein. Wenn das nur nicht der ganz Andere ist, der Überzählige!

Wundert mich, daß der Herr Abt von Windberg auch zu solchen Spectaculi kommt. Das letzte Mal hat er sogar mehrere Gulden Trinkgeld unter die Flötenspieler und Komödianten verteilt, sagt die Kathrin, das Kuchelmensch.

Machen sich auf unsere Kosten ein schönes Leben, die Herren!

9. Oktober 1623

Grassiert jetzt, wie man hört, an mehreren Orten eine Pestilentzisch Seuch. Müssen deshalb seit einiger Zeit alle Fuhrleut eidlich versichern, daß sie an keinem sterbenden Ort gewesen.

Ist neulich ein Karrner mit einer großen Fuhre Hopfen aus dem Böhmischen hier ankommen und hat Stein und Bein geschworen, daß er mit keinen verdächtigen Personen Gemeinschaft gehabt, auch nicht mit ihnen gegessen oder getrunken hat. Hat der Mann im Bräuhaus noch geholfen, den Hopfen abzuladen, ist ihm aber dabei zum Speiben schlecht geworden. Hat dann angegeben, daß er in Bogen ein Känndl Wein getrunken hat, das verdorben gewesen sein muß.

Hat aber dieser Karrner anderntags nicht aufstehen können und mehrere Zeichen am Körper gehabt. Daraufhin hat ihn der Pfleger aus dem Ort schaffen lassen, in einen leeren Stadel, wo er über Nacht an der bösen Krankheit gestorben ist. Haben zwei Totengräber den Leichnam an Ort und Stelle verscharrt.

Sollen sich, wie die Leut unter der Hand erzählen, einige Schwarzacher Herrschaften mit einem Ölberg versprochen haben, wenn sie nicht angesteckt worden.

9. November 1665

Hat heut nacht der Hund recht angeschlagen, wußten aber nicht, warum. Ist dann in aller Hergottsfrüh ein Herumvagierender aus dem Feldstadel gekommen und wollt der Bäuerin einen Sack böhmischer Federn verkaufen. Als sie ihm keine abgenommen, sagt der Bursche, er hätte mir etwas im geheimen mitzuteilen. Laßt mich dann in der Fletz vier weiße Kügelchen sehen und wollt mir ein jedes von ihnen für drei Gulden abgeben. Hab ihn aber gleich weitergeschickt und ihm gesagt, er soll sich besser vor der möglichen Zerreißung seiner Glieder in acht nehmen, weil nämlich jetzt die kurfürstlichen Mandate sehr streng ausgelegt und allerorten grausige Exempel statuiert werden. 30 Gulden zahlt einem der Amtmann aus, wenn man mithilft, daß einer sträflich vergriffen wird, der nächtens Perlen aushebt. Ist eine Menge Geld, wenn man bedenkt, daß ein Knecht am Tag nur einen Viertelgulden verdient.

23. August 1708

Ist wieder eine neue Mode aufgekommen. Überall sieht man jetzt Hexen und Truden. Wenn die Kühe weniger Milch geben, sind Hexen daran schuld; wenn es das Heu verregnet, treibt eine alte Vettel ihr Unwesen. Sogar Kinder verdächtigt man schon, daß sie Mäus und Ratzen machen. Auch unsere Stalldirn schwört Stein und Bein, daß sie schon öfter draußen auf der Holzwies Rahmbrocken gefunden hat, die die Gabelfahrerinnen beim Heimreiten verloren haben. Aber ich glaube, daß das bloß seltsame Schwammerl sind. Auch die feurigen Würmer, die sie aus dem Kamin hat herausfliegen sehen, werden nichts anderes gewesen sein als Glühwürmer und kein Teufelsdreck.

Wundert mich nur, daß unser Herr Pfarrer gegen diesen Unsinn keinen Einspruch erhebt. Kennen sich doch sonst überall so gut aus, die gstudierten Herren. Unser Herr Jesus Christus hat auch Dämonen ausgetrieben, aber er hat niemanden ins Gefängnis gesteckt und ihm die Daumenschrauben angelegt. Ist schon eine verrückte Zeit! Oder ist es am Ende doch wahr, daß die Pichlerin unserem Herrn Pfarrer das Vieh gepaizt[1] hat, wie der Weber Jackl versichert?

17. Januar 1739

So ein mannernarrisches Durl! Hat sich doch neulich unsere Stalldirn am heiligen Sonntag von einem durchziehenden Zigeunerweib aus der Hand prophezeien lassen, ob sie noch einen Mann bekommt oder nicht. Jetzt ist das Mensch schon beinah 40 Jahr alt und immer noch nicht gescheit. Hat sie s auch noch im ganzen Dorf herumerzählt,. daß es der Amtmann hat hören müssen. Hat ihr der gestrenge Herr deswegen den Rutenschilling über den Buckel streichen lassen, sind 30 Schläg mit einer saftigen Gerte. Wär viel gescheiter gewesen, die Zenz wär im Auswärts nach Bischofsmais gegangen zum seligen Hirmon. Dort erfährt ein Weiberleut billiger und sicherer, ob sie noch einen kriegt oder nicht. Dabei hat das Ledigsein auch seine Vorteile, meint unser Herr Pfarrer Dr. Dalhofer. Das ist ein gescheiter Mann!

12. Mai 1847

Sind letzte Woche zwei Patern in dreckigen abgeschabten Kutten auf den Hof gekommen und haben Geld gesammelt, da-

1 'paizen' heißt, ein Lebewesen so besprechen, daß es abmagert und 'vom Fleische fällt'.

mit der Regensburger Bischof seine Domtürme ausbauen kann. Haben dafür Messen eingeschrieben in eine Liste. Die Bäuerin hat mit ihrem Eiergeld drei bestellt für die verstorbene Verwandtschaft, und die in der Kutten haben sich mit einem Deo grazias und Dominus wobistu bedankt. Hab mir ihre Liste angeschaut und mich gewundert, daß der Regensburger Bischof mit dem Kötztinger Marktsiegel petschiert.

Wie die zwei dann noch gesagt haben, daß sie für zwei Gulden auch schönes Arndtwetter machen können, ist mir aber die Sache schon recht wieselhaarig vorgekommen. Hab dann am Sonntag gehört, daß die zwei Hallodri mit einer rothaarertn Dirn im Wirtshaus in Einfürst recht lustig gewesen sind. Der Schandarm hat gesagt, daß die zwei wahrscheinlich der Maulaffenhiasl und der Michl Heigl gewesen sind, und die Brinnrote das Hütstempndirndl, dem Heigl sein Mensch.

Patriotismus

„Werfts dö Straubinger außer!"
habn dö Kötztinger geschrien,
wia s nach zehn Stundn Fuaßmarsch
zur Grichtsverhandlung kemma san
und der Saal scho voller Leut gwen is,
„der Heigl[1] is unser Rauber ...!"

1 Der Räuber Heigl – so etwas wie ein waldlerischer Robin Hood – wurde 1816 in Beckendorf bei Kötzting als Kind armer Leute geboren und kam schon als Hütbub mit dem Gesetz in Konflikt. Später wurde er von Hunderten von Gendarmen und Soldaten gejagt, bis er endlich verhaftet werden konnte und 1854 in Straubing verurteilt wurde.

SAGEN

Der bucklige Fahrgast

Die folgende Geschichte hat sich um die Mitte des vorigen Jahrhunderts so zugetragen, wie sie hier berichtet wird.

Da übernachteten einmal in der Post zu Pfatter Kaufleute, die mit wertvoller Ladung von Passau nach Nürnberg unterwegs waren. Während sie ihre Abendmahlzeit einnahmen, tauchte im Gasthaus ein kleiner, buckliger Mann auf, der die Händler inständig bat, ihn am nächsten Tag mit nach Regensburg zu nehmen, weil er seines körperlichen Fehlers wegen den beschwerlichen Weg zu Fuß nicht zurücklegen könne.

Die Reisenden erklärten ihm, daß der Planwagen bis obenauf mit Frachtgut angefüllt und auf dem Kutschbock nur mehr für sie selber Platz sei, und schlugen ihm die Bitte ab. Der Bucklige murrte zwar, schien sich aber im übrigen mit der Lage der Dinge abzufinden.

Als die Kaufleute am nächsten Morgen in aller Herrgottsfrühe zum Aufbruch rüsteten, stand plötzlich der Höckrige wieder vor ihnen und drang noch mehr in sie, ihn doch um Gottes Christi willen mitzunehmen; er wolle sich noch kleiner machen, als er ohnedies schon von Natur aus sei und man möge doch dieses Werk der Barmherzigkeit an ihm vollbringen.

Nun konnten die Reisenden dem lästigen Betteln nicht länger widerstehen und sie gestatteten dem Buckligen, sich in einen Winkel des Planwagens zu verkriechen und auf diese Weise nach Regensburg mitzufahren.

In der Stadt angekommen, machten die Händler eine merkwürdige Entdeckung: Die Plane des Wagens war zerschnitten und der seltsame Alte nirgends zu finden. Außerdem fehlte etwa die Hälfte des wertvollen Frachtgutes.

Allem Anschein nach hatte der Bucklige auf halbem Wege die halbe Ladung aus dem Wagen in den Straßengraben geworfen.

Nun stellte sich heraus, daß in einem anderen Pfatterer Gasthaus ebenfalls ein Fremder mit einem Gespann übernachtet hatte, – offensichtlich ein Komplize des Höckrigen, der vermutlich am nächsten Morgen hinter dem ersten Fuhrwerk hergefahren war und das Diebesgut aus dem Straßengraben aufgelesen hatte.

Nepper, Schlepper, Bauernfänger also auch schon im vorigen Jahrhundert!

Mäuseplage im Gäuboden

In den siebziger Jahren des vorvorigen Jahrhunderts hatten in den Donaudörfern zwischen Barbing und Pfatter die Mäuse derart überhand genommen, daß sie zu einer ägyptischen Plage für Land und Leute wurden. Kein Mittel schien es zu geben, das ihrem Zerstörungswerk einen Riegel vorschieben wollte.

Selbst Wallfahrten zu Maria Schnee in Aufhausen oder zu Unserer Lieben Frau nach Sossau brachten keine erkennbare Besserung.

So ritt wieder einmal ein Bauer hinaus auf seine Felder, um nachzusehen, ob die Verwüstung nicht doch ein Ende gefunden habe. Als er aber zu seinem Schrecken feststellen mußte, daß auch die neue Saat schon wieder restlos vernichtet war, fing er gottserbärmlich zu fluchen und zu lästern an, reckte die Fäuste drohend gegen den Himmel und erging sich in den wüstesten Schmähungen Gottes und aller Heiligen. Da erhob sich auf einmal ein sonderbares Gurgeln und Brausen, und da kam auch schon der schwarze Hörndlmeier dahergefahren, hob den Bauern vom Roß, trug ihn mit seinen Pratzen durch die Luft davon und verschwand mit ihm über die Donau in Richtung der böhmischen Wälder.

Das Pferd kam am Abend schweißgebadet und am ganzen Leib zitternd im Dorf an, vom Bauern aber hat man nie wieder etwas gehört oder gesehen.

Die schwarze Sau

Im großen Gäubodendorf Sünching, ehemals Sitz eines herrschaftlichen Patrimonialgerichts, gab es schon immer mehr Handwerker als an anderen Orten des alten Donaugaues – so zum Beispiel auch den ehrsamen Beruf eines Schneiders.

Man hatte hier aber auch einen Heiligen mehr im Kalender stehen als anderswo, und zwar den ob seiner Wunderkraft weitum berühmten „Sautonerl", wie der ägyptische Einsiedler Antonius (seines Zuständigkeitsbereichs wegen) von den Bauern genannt wurde. Dieser Sautonerl wiederum war der geistige Ziehvater der Sünchinger Antonisau, die uns auch aus dem mittelalterlichen Stadtbild als „Rennsau" bekannt ist und eine Reihe von Funktionen zu erfüllen hatte: von der „Müllabfuhr" bis zu sozial-caritativen Zwecken. Am 17. Januar, dem Fest jenes

Einsiedlers nämlich, wurde sie geschlachtet und ihr Fleisch an Arme und andere Bedürftige ausgeteilt.

Aber nun zurück zu jenem eingangs erwähnten Sünchinger Schneidermeister. Der hatte einen Gesellen, der es mit der Ehrlichkeit nicht sonderlich ernst nahm und sich vom guten Tuch der Gäubodenbauern und ihres oft zahlreichen Weibervolkes gerne etwas auf die Seite legte.

Als er gerade wieder einmal dabei war, in seine eigene Tasche zu schneidern, hörte er unter seinem Fenster zunächst ein Glöckchen läuten. Während er sich noch überlegte, was dies zu bedeuten habe, fuhr eine schwarze Antonisau dermaßen ungestüm gegen den Gartenzaun, daß dieser in Stücke brach und der Schneidergeselle, ohnedies erschreckt durch das Krachen und Splittern des Holzes sowie das Quieken und Grunzen des heranstürmenden schwarzen Ungetüms, des Glaubens war, der Teufel persönlich wäre im Anmarsch, um ihn vom Fleck weg in die Hölle zu entführen.

Man sagt, der Schneidergeselle habe auf der Stelle sein unrechtes Tun eingestanden, offenkundige Reue gezeigt und sich fortan eines ehrlichen Lebenswandels befleißigt.

Seit der Zeit soll aber im Gäuboden für alle, denen ein schlechtes Gewissen zu schaffen macht, der Satz gelten, sie hörten die schwarze Sau läuten.

Der verhexte Viehstall

Auf einem Hof im Sünchinger Gäu hatte sich eine Hexe eingenistet und zunächst im Schweinestall Quartier bezogen. Bald darauf mußte der Bauer feststellen, daß die Zuchtln (Muttersauen) nicht mehr trächtig wurden. Da sich dieser Zustand monatelang nicht änderte, holte man einen Kapuziner aus Regensburg, der die Hexe austreiben sollte. Dieser kam, waltete seines geistlichen Amtes und schien zunächst auch Erfolg gehabt zu haben, denn eines Tages tauchte der Bauer mit einer respektablen Spansau im Kloster auf, die er den Patres aus

Dankbarkeit verehrte. Schon kurze Zeit später mußte aber der Kapuziner ein zweites Mal geholt werden, weil sich jetzt die Drud in den Schafstall verkrochen hatte, wo sie die alten Hexenkünste aufs neue mit Erfolg praktizierte: keines der Mutterschafe wollte trächtig werden.

Der Pater sprach wieder den bewährten Hexen-Exorzismus und schien auch diesmal zum Ziel gekommen zu sein, denn nach den Kartagen brachte der Bauer ein prächtiges Osterlamperl ins Kloster.

Das wiederum schien zur Folge zu haben, daß die Hexe ihr Domizil im Kuhstall aufschlug, um dort ihre Teufelskünste auch an größeren Tieren zu versuchen. Diesmal brachte aber der Pater noch zwei andere Kapuziner mit, mit denen er daranging, der hartnäckigen Hexe mit kräftigem Latein und viel Weihwasser ein für allemal das Handwerk zu legen. Und wirklich: Kaum hatten sie gemeinsam den bösen Geist aufgefordert, die Stätte seines unheilvollen Wirkens zu verlassen, erhob sich ein starker Sturm, und man sah eine undefinierbare Gestalt aus dem Stall auf-, zum Dach hinaus- und ins Pfatterer Moos hineinfahren.

Seit dieser Zeit hat besagten Bauern kein größeres Unglück mehr getroffen.

Der Bauer und sein Hund

Im Schwarzacher Gebiet lebte einmal ein Bauer, der kannte den ganzen Tag nichts anderes als Rackern und Fluchen. Schon eine ganze Reihe von Jahren war er nicht mehr bei der Osterbeichte gewesen. Als er einmal im Frühjahr mit der Egge über seine Felder ging, lief immer ein kohlschwarzer Hund hinter ihm her und rieb sich seine Schnauze an den Hosenbeinen des Bauern. Der nahm das Tier schließlich mit heim und hatte es bald lieber wie sein Weib und seine Buben. Er nannte den Hund Hasso und ließ ihn sogar in seinem Bett schlafen.

Bald wurde der Bauer nur mehr mit seinem Hund gesehen. Es fiel aber auf, daß der bei jedem „Grüß Gott" oder „Pfüat Gott" den Schwanz einzog und knurrte. Davon hörte auch der Herr Pfarrer, und er erkundigte sich, was das für ein seltsames Tier sei.

„Wer weiß, wem das weggelaufen ist", sagte er, „diese Kreatur muß ich mir schon näher ansehen!"

An einem Sonntag nach dem Hochamt ging der Pfarrer mit Chorrock und Weihwasser mit dem Bauern nach Hause. Der Bauer wunderte sich, daß ihm sein Hund nicht wie sonst entgegenlief, sondern die ganze Zeit winselte und sich schließlich in eine Ecke verkroch. Als sich ihm die beiden näherten, nahm er Reißaus und flüchtete in die Hühnerschupfe. Dort besprengte ihn der Pfarrer mit dem geweihten Wasser, und noch im gleichen Augenblick wurde aus dem zottelhaarigen Hund der wirkliche Gottseibeiuns, wie er früher auf den Bildern im Katechismus dargestellt war: mit Kuhschwanz, Hörndln und einem Bocksfuß.

„Was hattest du vor?" fragte der Gottesmann den Teufel. „Ich habe auf seine Seele spekuliert" sagte der Schwarze. „Aber der Bauer hat jeden Abend vor dem Zubettgehen ein „Gegrüßet-seist-du-Maria" zur Muttergottes vom Bogenberg gebetet, und da habe ich ihm nichts anhaben können." Der Pfarrer nahm daraufhin noch einmal den Weihwasserpemsel zur Hand und sagte „Weiche, Satan!" Nach diesen Worten fuhr der Teufel durch die Hühnerschupfe davon, daß ein großes angesengtes Loch in der Bretterwand war.

So oft man später das Loch auch wieder verbrettern wollte, es hielt sich kein Nagel darin.

Ein teuflisches Kegelspiel

In Einfürst (heute zur Stadt Bogen gehörend) gibt es auf dem Scheitelpunkt des vorgeschichtlichen Bayerweges ein altes Wirtshaus, das schon weit über 500 Jahre besteht und einmal den mächtigen Degenbergern gehört hatte. Drüberhalb der Straße liegt die große Kugelstatt, auf der vor Jahren zwei Bauernburschen ihre Braut „ausgekegelt" haben. Sie hatten sich nämlich beide in das gleiche Mädchen verliebt, und wer beim Kegelspiel der „Moar" blieb, der sollte sie als Bäuerin heimführen.

Der jüngere der beiden, der das Mädchen um jeden Preis besitzen wollte, verbündete sich deswegen mit dem Teufel und verschrieb ihm dafür seine Seele.

An einem Samstagabend sollte das Preiskegeln vonstatten gehen. Der ältere der beiden schob die Kugel wie immer, nicht schlecht, aber auch nicht besonders gut. Manchmal schob er sogar ins volle Haus ein Loch.

Wenn dagegen der andere die Kugel warf, wurde diese größer und größer, je näher sie den Kegeln kam. Sie paßte gar nicht mehr durch eine Gasse durch, sondern nahm einfach einen Kegel nach dem anderen mit, so daß kein Saunagel stehenblieb und kein Feldhüter, kein Paarer und kein Hemdknöpfl. Mit einer Bogenkugel vermochte der Meisterstecher sogar den hinteren Kegel allein herauszuholen. So ging jede der Partien zu seinen Gunsten aus.

Das Mädchen aber, das er sich damit erkegelt hatte, starb im Kindbett. Der junge Bauer hat daraufhin das Saufen angefangen und nach und nach seinen Hof an die Wand hingeseicht. Als er dann selber auf dem Sterbbett lag, hörte man in der Einfürster Gegend ein langanhaltendes dumpfes Rollen wie von mächtigen Kegelkugeln, und manche wollen gesehen haben, wie ihn anschließend der Teufel durch die Luft davongetragen habe.

Der Fremde im Perasdorfer Brechhaus

Wie überall, lag auch in Perasdorf das Brechhaus am Ende es Ortes, am östlichen Abhang des Schellnberges. In einer mondhellen Herbstnacht, als sich gerade einige Mägde beim Flachsbrechen eine kurze Verschnaufpause gönnten, ging unten auf der Straße nach der Sollach ein Mann vorbei, den keines der Mädchen kannte. Er trug einen kecken Hut auf dem Kopf, mit einer großen Spielhahnfeder darauf. Eine von den Dirnen sagte: „Wenn der da unt an Verstehstmich hätt, nachher gang er zu uns affa! Mit dem möchert i gern a weng tanzn…!“

In diesem Augenblick drehte sich der Mann um und stapfte zum Brechhaus hinauf. Da erschraken die Mädchen, rumpelten alle in die Hütte hinein und schoben den Riegel vor. Der Fremde aber kam durch die verschlossene Tür herein, ging auf die Magd zu, die ihn eingeladen hatte und tanzte mit ihr so lang um die Breche herum, bis ihr die Luft wegblieb und sie im Gesicht ganz rot anlief.

Da langte eine ihrer Freundinnen schnell in das Weihwasserkesselchen am Türpfosten und spritzte die beiden an. Es zischte und brodelte, Lärm und Gestank verbreiteten sich, und als sich Dunst und Rauch verzogen hatten, war mit ihnen auch der Fremde verschwunden.

Das Mädchen aber ist noch in der gleichen Nacht gestorben.

KALENDERGESCHICHTEN

Der Schlecht Franzl

Meine Eltern haben ihn gut gekannt. Er ist ein Wirtssohn von Perasdorf gewesen, dem seine Eltern die Gastwirtschaft nicht vermacht hatten, weil er ihnen zu leichtfertig schien. Der Franzl muß in seiner Jugend ein schneidiger Bursch gewesen sein. Um die Jahrhundertwende rückte er zu den „Schwollische“ nach Straubing ein und gab auch dort eine gute Figur ab. Nur schade, daß ihn zu Hause niemand in voller Wichs und hoch zu Roß bewundern konnte!

Aber für den Franzl war das kein unlösbares Problem. Er bestach die Stallwache, suchte sich das beste Pferd für den geplanten Ausritt aus und tauchte einige Zeit später in Schwarzach auf, wo er gebührend bestaunt und gefeiert wurde – vor allem als er erzählte, daß er diesen Sonderurlaub für besondere Verdienste gewährt bekommen habe. Leider wußten seine Vorgesetzten nichts davon und steckten den Franzl nach seiner weniger triumphalen Rückkehr wegen unerlaubter Abwesenheit für mehrere Tage ins Loch.

Als einfacher Tagwerker hatte der Schlecht Franzl meistens kein Geld in der Tasche, wenn er eins gebraucht hätte. Seine Phantasie bescherte ihm aber in solchen Lagen immer wieder brauchbare Einfälle.

Einmal ging er draußen im Heuwisch und drüberhalb der Donau „kirchabittn“, d.h. er überbrachte überall, wo er es für angebracht hielt, die traurige Nachricht, daß der Bräu von Schwarzach das Zeitliche gesegnet habe und lud im Namen der tieftrauernden Angehörigen zum Trauergottesdienst ein. Dafür gab es von den Bäuerinnen ein paar Zehnerl, hin und wieder auch Dampfnudeln oder wenigstens ein Scherzl Brot, und wenn es eine besonders mildtätige Haut war, erhielt er auch einmal ein richtiges Mittagessen.

Freilich, als dann die zahlreichen Trauergäste nach Schwarzach kamen, flog der ganze Schwindel auf. Allerdings hatten die „Leichengänger“ keine großen Nachteile, denn der Bräu ließ sich nicht lumpen, und so wurde aus den Trauerfeierlichkeiten eine mehrtägige „Auferstehungsfeier“. Ob der Schlecht Franzl auch davon noch profitiert hat, weiß niemand mehr so recht zu sagen.

Bekannt ist aber, daß er sich auch als „Fleischhändler" betätigte. Er besorgte sich ein schönes Stück Geselchtes, ließ Schwarzacher Geschäftsfrauen und andere Feinschmecker davon probieren und verkaufte so einen Zenterling um den anderen zu relativ günstigen Preisen. Das Erstaunen dürfte allerdings groß gewesen sein, wenn die Käufer nach einiger Zeit dieses „Geselchte" auf den Tisch des Hauses bringen wollten: Der Hallodri hatte nämlich täuschend ähnlich aussehende, in fettiges Papier eingewickeltes angebrannte Holzscheite als Zenterlinge verkauft!

Einmal war der Schlecht Franzl mit seinem Weib in Bernried, wo sie aus einem am Wege liegenden Bauernanwesen eine Gans mitgehen ließen. Sie nahmen den Weg über Amosried und Weißenberg, der Franz – wie es in allen patriarchalischen Kulturen der Brauch ist – zügig voraus, sein Weib in gebührendem Abstand hinter ihm drein.

Als sie über den Bühel gingen, drehte sich der Franz doch einmal nach seiner besseren Hälfte um und war ganz erstaunt – denn die Gans in den Armen seiner ihm Angetrauten hatte plötzlich keine Federn mehr.

„Gell, da schaughst, wia fleißig daß i gwen bin," sagte sein Weib nicht ohne Stolz, „i hab z'Absetz obn schon mit m Rupfa ogfangt ...!"

„Ja, du dumms Durl", meint der Franz trocken, „daß uns d Schandarm leichter findn ...!"

Als im Winter einmal der Gerichtsvollzieher bei ihm Nachschau hielt, bat ihn der Hallodri in die Stube, heizte gehörig nasses Holz nach, ging unter einem nichtigen Vorwand hinaus, stieg auf das Dach seiner Behausung stopfte mit alten Lumpen den Rauchfang zu und wartete dann in der Holzschupfe den Zeitpunkt ab, bis der Gerichtsvollzieher ob der ihm widerfahrenen Unbill hustend, spuckend und schimpfend das Weite suchte.

Für den Vorabend eins Patroziniumsfestes in Weißenberg hatte der Schwarzacher Pfarrer eine Beicht-Aushilfe von auswärts angekündigt. Der Schlecht Franzl ging schon ein paar

Stunden vor der angegebenen Zeit in die Wallfahrtskirche, setzte sich in einen der Beichtstühle, legte die dort vorgefundene Stola um, nahm das damals noch gebräuchliche weiße Tüchlein zur Hand und wartete auf die ersten reuigen Sünder. Tatsächlich kamen auch bald einige fromme Frauen, um sich ihrer vermeintlichen oder auch wirklichen Vergehen zu entledigen. Aber spätestens bei der vierten Sünderin wurde es dem Schlecht Franzl zu viel. Fluchtartig verließ er die Stätte seines unrühmlichen – um nicht zu sagen sakrilegischen – geistlichen Wirkens und suchte wie weiland der Dorfrichter Adam in Kleists „Zerbrochenem Krug“ sein Heil in der Flucht.

Eine wirklich notwendige Fußwaschung

Der am Fest Peter und Paul des Jahres 1856 im Hohen Dom zu Regensburg geweihte Priester Josef Schlicht war ein Überzähliger. Bischof Ignatius hatte damals – wie schon die Jahre vorher auch – so viele Primizianten, daß er sie gar nicht alle unterbringen konnte. Aber es gab eine Ausweichmöglichkeit: Der Herr Generalvikar steckte diese supernumerarii einfach in Pfarreien im sogenannten Gäuboden, jener fruchtbaren Ackerlandschaft um Straubing herum; dort hatten viele Pfarrhöfe noch ihre eigenen Ökonomien dabei, die kriegten so einen „kleinen Herrn“ zum Durchfüttern, und schließlich wären dann im Notfall immer noch die Herren Großbauern da gewesen, von denen einer einmal gesagt haben soll, für den Peterspfennig (Kollekte für den Heiligen Stuhl) könne er nichts geben, aber als Kostgänger wolle er den Heiligen Vater schon eine Zeitlang aufnehmen, wenn der das wolle.

Josef Schlicht war über zwölf Jahre ein Überzähliger. Er war bei den Bauern geachtet, schon deswegen, weil er Zeit und Lust hatte, sich immer wieder einmal zu ihnen an den Biertisch zu setzen und mit ihnen über Gott und die Welt zu reden. Deswegen lieh ihm auch hin und wieder einer der Ökonomen ein

Pferd aus, wenn der Herr Kooperator seiner Leidenschaft frönen und ein wenig durch die Fluren reiten wollte.

Einmal nun hatte man ihm ein Pferd zur Verfügung gestellt, mit dem der passionierte Reiter beim besten Willen nicht zurecht kam; es schlug mittendrin wild um sich, bockte, und warf ihn auch prompt an einer morastigen Stelle ab, daß der „kloa Herr“ im Letten steckte wie weiland der Lügenbaron Münchhausen. Mit Müh und Not konnte sich der Geistliche aus seiner mißlichen Lage befreien, nur heim traute er sich nicht, um nicht zum Gespött seiner Pfarrkinder zu werden. Er versteckte sich deshalb bis zum Hereinbrechen der Dämmerung im Wald, brachte dann im Schutz der Dunkelheit das Pferd in seinen Stall zurück, schlich sich unbemerkt ins das Pfarrhaus, zog sich um und erschien zum Abendessen, als wenn nichts gewesen wäre. So nebenbei sagte er dann zur Pfarrerköchin: „Sie, Fräulein Ursula, möchten Sie nicht so gut sein und mir ein Schaffel warmes Wasser aufs Zimmer stellen. Ich hätte mir heute abend gern noch die Füße gewaschen!“

In Wirklichkeit aber säuberte der verhinderte Sportsmann nur Jacke, Hemd und Hose. Die schmutzige Brühe wollte er, um kein unnötiges Aufsehen zu erregen, erst am nächsten Morgen „entsorgen“. Aufgrund der Anstrengungen des Vortags verschlief er aber zu allem Unglück und mußte sich beeilen, noch einigermaßen rechtzeitig in die Kirche zur zweiten Messe zu kommen. Er konnte nur hoffen, daß die Haushälterin bis dahin keine Zeit finden möge, sein Zimmer aufzuräumen.

Aber als er dann zusammen mit dem Herrn Pfarrer beim Frühstück saß, kam die Pfarrhaushälterin ins Zimmer und sagte mit unschuldsvoller Miene: „O mei, Herr Koprater, bei Eahna hats dös Füaßwaschen wirklich braucht! Den Lettn, den Sie im Schaffl drin ghabt haben, den hab i fei mit m Messer außerkratzn müassn!“

Der Violett-Tick des Monsignore

In Seubersried findet jedes Jahr am Sonntag nach dem 20. Januar das Sebastiani-Bruderschaftsfest statt. Für dieses Jahr hat sich am Rande einer Dekanatskonferenz ein Domkapitular, der als Referent anwesend war, als Festprediger ins Gespräch gebracht, und der Herr Pfarrer hat freudig zugestimmt, weil man so hohe geistliche Würdenträger nicht immer bekommt, wenn man sie gerne hätte.

Dem Herrn Kaplan paßte das freilich gar nicht ins Konzept, denn besagter Monsignore war schon einmal sein gestrenger und unnachgiebiger Chef gewesen, als er sich als blutjunger Kaplan den einen oder anderen pastoralen Schnitzer geleistet hatte. Er überlegte hin und her, wie er den unerwünschten Besuch verhindern konnte.

„No, Herr Pfarrer, da haben S Eahna fei was auftan", meinte dann der junge Mitbruder mit besorgter Miene, „den kenn i, den Monsignore, dem is sei Farb in Kopf gstiegn. Dös kostet Eahna a schöne Stang Geld. Habn Sie dös net gwußt, von dem sein Violett-Tick? Da brauchen S a violetts Tischtuach, violette Serviettn, sonst ißt der nix bei uns. Ja, und wenn der über Nacht bleibt, brauchen s aa a violette Bettwäsch, violette Vorhäng, sogar der Betstuhl muß violett überzogn werdn..."

Als der Seubersrieder Pfarrer von diesen sonderbaren Vorstellungen hörte, setzte er sich eilends hin und schrieb mit einigen fadenscheinigen Begründungen dem Herrn Domkapitular wieder ab. Auf violettem Briefpapier selbstverständlich, und mit einem violetten Federhalter.

Die verkehrte Stellung

Der Niederhofener Pfarrer hat mitten im Hochsommer überraschenderweise von einem Kurskollegen Besuch bekommen, mit dem er schon in seiner Studentenzeit Fahrten in die Dolomiten und ins Wallis unternommen hatte. Für Bergtouren haben die beiden zwar jetzt nicht mehr die dafür erforderliche Konstitution, aber ausgedehnte Wanderungen durch Wald und Heide gehören noch immer zu ihrem Ferienprogramm.

So unternehmen sie auch heute einen ausgiebigen Marsch, der sie auf dem Heimweg am Oberhofener Weiher vorbeiführt. Da sie ziemlich verstaubt und verschwitzt sind, überkommt sie an diesem warmen Sommerabend plötzlich das verständliche Verlangen nach einem erfrischenden Bad in dem abgelegenen kleinen See. Der einzige Haken an der Sache: Sie haben keine Bade-Utensilien dabei. Aber der Weiher ist, wie gesagt, abgelegen und außerdem – jenseits eines Rundwanderweges – von dichtem Buschwerk eingesäumt, unter dessen Schutz man sich durchaus seiner Kleider entledigen konnte, ohne fürchten zu müssen, daß man dabei beobachtet wurde, und im Wasser war ohnedies nicht zu erkennen, ob einer im Adamskostüm oder in einer schicken Badehose herumschwamm.

Just in dem Augenblick nun, als die beiden geistlichen Adonisgestalten nach längerem Schwimmen dem Moorweiher entstiegen waren und sich anschickten, ihrer Kleiderablage entgegenzueilen, hört man auf dem Waldweg lautes Beten und Singen, und es naht ganz unverhofft eine relativ starke Abordnung des Katholischen Frauenbundes Oberhofen, die heute eine Wallfahrt zum Heilbrünnl Unserer Lieben Frau in der Nachbarpfarrei unternimmt, wie dem Herrn Pfarrer plötzlich siedheiß einfällt.

Den beiden Geistlichen stockt der Atem und auch das Blut in den Adern; sie erstarren wie das Kaninchen vor der Schlange. Der Niederhofener Pfarrer reagiert als erster und bedeckt seine Scham mit bloßen Händen wie Fußballspieler bei einem Freistoß, wenn auch dort ein anderer Grund für dieses bekannte Ritual vorliegen mag. Der Kurskollege überlegt ein bißchen, verhält sich dann wie jener aus der Gruppe der bekannten drei Affen, der partout nichts sehen will, und zischt zu seinem Konfrater hinüber: „Du stellst dich ja vollkommen falsch hin, du mußt es machen wie ich!“ Und dann halten sie sich beide die Hände vors Gesicht.

Erst als die frommen Frauen vorübergewandelt sind, kommt den beiden Geistlichen die Erleuchtung: „Mensch, sind wir ungeschickt gewesen. Wir hätten uns ja bloß umzudrehen oder auf den Boden zu legen brauchen ...!“

Der Mesner und die Löwenschwänze

Der Pfarrer Katzendobler von Amosried hat die dumme Angewohnheit, in seinen Predigten maßlos zu übertreiben, besonders, wenn er einmal richtig in Fahrt gekommen ist. Das weiß er selber, und deswegen hat er seinem Mesner die Aufgabe übertragen, sich laut und vernehmlich zu räuspern, wenn das wieder einmal der Fall sein sollte.

Heute macht der Herr Pfarrer auf der Kanzel einen Ausflug in die Kirchengeschichte und predigt von den grausamen Christenverfolgungen unter dem despotischen Kaiser Nero im alten Rom. Plastisch stellt er seinen Gläubigen die kleine Schar mutiger Christen vor Augen, wie sie einander stützend in das große Rund des Kolosseums geführt wird, wo dann die eisernen Gitter der Löwenkäfige hochgezogen werden und sich die ausgehungerten Bestien in den Circus stürzen.

„Die Löwen peitschen den Sand der Arena,“ weiß der Pfarrer Katzendobler mit der Überzeugung des Augenzeugen zu berichten, „daß riesige Staubfontänen hochgeschleudert werden und dem kaiserlichen Hofstaat beinahe die Sicht nehmen ...“

Kein Wunder, daß unter den Amosriedern jetzt schon einige verstohlen nach den Taschentüchern suchen. „Die Schwänze der Raubkatzen,“ fährt der Berichterstatter unbeirrt fort, „waren aber auch mindestens fünf Meter lang ...“

Da räuspert sich der Mesner laut und vernehmlich. „Möglicherweise,“ verbessert sich Hochwürden, „waren sie auch ein bißchen kürzer, so um die vier Meter ...“

Den Mesner plagt aufs neue der Hustenreiz. „ – die von den jüngeren Tieren vielleicht auch nur drei Meter!“ räumt der Herr Pfarrer ein.

Noch einmal fühlt sich der Mesner verpflichtet, korrigierend einzugreifen. Da beugt sich der Herr Pfarrer etwas unwirsch über die Kanzelbrüstung und sagt: „Ja, Leut, wenn s nach unserm Mesner gang, dann hättn die Löwen überhaupt koane Schwanz ghabt ...!“

Verräterische Bilder

Regierungsdirektor Dr. Walter Wieshuber, Abteilungsleiter im Landwirtschaftsministerium, hastet an diesem Sommermorgen den Strand von Gabicce Mare entlang. Blaß, fast grünlich im Gesicht, unausgeschlafen. Möglich, daß es das ungewohnte Essen war, das sonst nicht gewohnte Olivenöl. Möglich auch, daß er am Abend vorher ein paar Gläschen Grappa zuviel getrunken hat. Schließlich mußte er ja am nächsten Tag nicht ins Büro wie sonst.

Beinahe ängstlich sieht er sich um. Endlich entdeckt er ein einigermaßen vertrauenerweckendes Gesicht. „Sind Sie nicht auch in unserem Hause beschäftigt?“ fragt er. „Gestatten, Regierungsdirektor Dr. Wieshuber.“ „Meier“, sagt der Angesprochene lakonisch, „Verwaltungsangestellter.“

„Lieber Herr Meier“, fleht der Spitzenbeamte, „könnten Sie nicht für ein paar Minuten auf meinen nicht gerade billigen Fotoapparat aufpassen? Ich muß mal kurz weg.“

Der Verwaltungsangestellte Meier kann.

Weil sich aber die Rückkehr des Herrn Regierungsdirektors länger hinzieht als von den beiden ursprünglich angenommen und Herr Meier schon in aller Herrgottsfrühe den süffigen Rotwein probiert hat, besieht er sich couragiert das ihm zur Verwahrung anvertraute gute Stück von allen Seiten, schaut auch probeweise durch den Sucher und entdeckt dabei in der Nähe einige Sonnenanbeterinnen, die ihre diversen Körperrundungen schonungslos dem sengenden Gestirn aussetzen. Da sticht den Verwaltungsangestellten Meier der Hafer, er pirscht sich – was auf dem Sandstrand kein Problem ist – lautlos an die Damen heran und schießt aus der ungewohnten Persepektive ein paar recht interessante Detail-Aufnahmen, bevor er wieder – die leibhaftige Unschuld mimend – an seinen Ausgangspunkt zurückkehrt.

Auch der Herr Regierungsdirektor kommt bald darauf in mancherlei Hinsicht erleichtert zurück und bedankt sich ausnehmend freundlich für die Observierung seiner Kamera.

Einige Wochen später kreuzen sich die Wege der beiden Italien-Urlauber in den weitläufigen Gängen des Ministeriums. Wieder ist der Herr Regierungsdirektor erregt. Ganz aufgebracht berichtet er, in welch große Kalamitäten ihn der Verwaltungsangestellte Meier gebracht habe. „Stellen Sie sich vor“, poltert er, „der Briefträger händigt meiner Frau die Dia-Sendung aus, die öffnet sie – und ist völlig konsterniert! Ich muß dann einen ganzen Nachmittag lang schwören, daß ich diese fünf, sechs lasziven Bilder nie und nimmer aufgenommen habe. Können Sie sich das überhaupt vorstellen, Sie ... Sie ...?“

Herr Meier kann. Schließlich hat er ja die Corpora delicti fotografiert.

– und weit und breit koa Bruck ...!

Der Bräu von Welchenberg ist 60 Jahre alt geworden. Ist dieser runde Geburtstag schon für einen gewöhnlichen Christenmenschen ein Grund zum Feiern, um wieviel mehr für einen alteingesessenen Wirt!

Der Baumann Benedikt von Reißen und der Peintinger Ignaz aus der Irlmühle, zwei Holzhauer und weitschichtige Verwandte des Jubilars, haben davon gehört und sich auch auf den Weg nach Welchenberg gemacht, um dem Herrn Vetter zu gratulieren, in der Hoffnung, daß es dabei endlich wieder einmal genug zu essen und zu trinken geben würde. Und die beiden haben sich nicht getäuscht! Es wurde eine denkwürdige Feier, bei der aufgetragen wurde, was Küche und Keller zu bieten hatten, und bei der der edle Gerstensaft in paradiesischen Strömen floß.

Weil es schon weit über Mitternacht hinaus ist, bis sich die Gaststube allmählich leert, und weil sich der Weg zum Grandsberg selbst für einen nüchternen Menschen an die drei Stunden hinzieht, legen sich die zwei Holzhauer der Einfachheit halber gleich im Wirtshaus auf der Ofenbank zum Schlafen nieder.

Als der Benedikt so gegen vier Uhr früh einmal hinaus muß, das Gesicht immer noch voller Rausch, kommt er nach einiger Zeit mit völlig durchnäßter Hose zurück, weckt ganz aufgeregt seinen Zechkumpanen und stottert: „Du, Naz, woaßt du, wo mir san?"

Sein Arbeitskollege und Saufbruder schält sich mühsam aus einer alten Roßdecke und sagt dann: „Was hast denn narrisch´s? Woaßt du, wo mir san? Natürli woaß i s: Beim Bräu z Welchaberg san ma!"

„Krampf, mir san gar nimmer in unserm Landkreis, mir san a nimmer in unserm geliebten Vaterland Bayern, mir san ganz wo anders: Mir san in Indien!"

„Geh, spinn di aus! In Indien...!"

„Na, na, es stimmt scho. I bin grad draußn gwen, da hängt a Schujdl an der Wänd: Toiletten auf der anderen Seite des Ganges! Und weil mir dös absolut z weit gwen is, hab i s halt laufa lassen..."

„Was hast laufa lassen?"

„Was hast laufa lassen? s Wasser halt! Denn wia hätt denn i übern Ganges umikemma solln, mittn in der Nacht, und weit und breit koa Bruck!"

„Also, i an deiner Stell hätt halt nachher einfach in Ganges..."

Der neue Knecht

Der Xaver Kronschnabl von Meidendorf könnt an Lichtmessen einen neuen Knecht brauchen. Denn der Xaver Kronschnabl hat einen großen Hof und an die fünfzig Tagwerk Wald, da gibt es schon Arbeit, auch im Winter.

Es haben sich zwar einige sehen lassen, recht wieselhaarige Burschen, aber der Kronschnabl braucht einen Kerl, der anpacken kann.

Schließlich meldet sich doch noch einer. Ein Prackl Mannsbild, Arme wie Schmiedhämmer und Fäuste, groß wie Krautköpfe. Das gefällt dem Kronschnabl. „Aber was der essen wird!" geht es ihm plötzlich siedheiß durch den Kopf. „Alles recht und gut," sagt er deshalb zum Knecht, „aber bei der Statur wirst du fressen wie ein Drescher und saufen wie ein Bürstenbinder …!"

„Halb so wild", tröstet ihn der Knecht, „ich hab einen Magen wie ein kleines Kind!" Der Kronschnabl zögert noch, überlegt hin und her. Brauchen könnt er ihn ja schon …! „Wenn i dir s sag," versichert der Knecht, „ich hab einen Magen wie ein kleines Kind …!"

Nun gut, der Kronschnabl stellt den Mann ein, muß aber schon am ersten Tag feststellen, daß er mit seinen Vermutungen – um nicht zu sagen Befürchtungen – recht gehabt hat. Der Knecht haut in die Pfannen und Reinen wie der sprichwörtliche Scheunendrescher. Der Bauer stellt ihn daraufhin zur Rede. Der neue Knecht aber meint treuherzig: „I hab dir s a so gsagt, daß ich einen Magen hab, so groß wie ein kleines Kind", und dann hält er seine Hände an die dreißig Zentimeter weit auseinander …

Die Urschl haut den Lukas

Die Urschl ist eine etwas derbe, knapp dreißigjährige Bauerndirn aus der Gegend hinter dem Gallner. Daß sie drei ledige Kinder hat, zeigt nur, daß sie den Freuden des Lebens nicht ganz abgeneigt ist.

In einer schwachen Stunde hat sie schon vor Monaten ihren Sprößlingen versprochen, mit ihnen an einem Sonntag in den großen Ferien auf das Straubinger Volksfest zu gehen.

Nach einer Fahrt in der Geisterbahn und einer kräftigen Brotzeit beim Roßmetzger Liebl sind die vier jetzt beim „Lukas" angekommen, jenem Schaustellergeschäft, bei dem vornehmlich die männliche Jugend ihre Leibeskraft einmal in aller Öffentlichkeit unter Beweis stellen kann. Wer den „Lukas" bis oben hinauf schlägt und die am Ende der Stange angebrachte Glocke zum Bimmeln bringt, bekommt als Preis eines dieser neumodischen silbernen Luftballonherzen.

Weil ihre Kinder gar zu gerne ein solches Herz hätten, kauft sich die Urschl drei Marken. Sie stellt sich in Positur, nimmt den schweren Hammer in beide Hände, aber obwohl sie ein stämmiges Weibsbild ist und einen guten Schlag tut, bringt sie den kleinen Eisenschlitten beim ersten Mal doch nicht bis oben hinauf. Der zweite Versuch gelingt ihr zwar schon besser, aber der lausige Krüppel „verhungert" ein paar Zentimeter unter der Glocke. Zefix!

Damit sie vor ihren Kindern und den zahlreichen Zuschauern nicht als völliger Versager dasteht, speibt die Urschl vor dem dritten und letzten Versuch geräuschvoll in die Hände, nimmt noch einmal ihre ganze Kraft zusammen und jagt dann den „Lukas" hinauf, daß er es nicht nur klingeln läßt, sondern auch ganz unprogrammgemäß aus seiner Halterung geschleudert wird, zuerst nach oben fliegt, dann aber, den Gesetzen der Schwerkraft folgend, nach unten saust, wo er auf dem Dultplatz aufschlägt und bei dieser Bruchlandung sogar noch seinen Kopf verliert.

Die Zuschauer sind baff und kommen so schnell aus dem Staunen nicht heraus. Denn der Urschl hat dieser letzte Versuch nicht nur das Blut in den Kopf getrieben, sondern auch die ganze Sommerschlußverkaufsbluse zersprengt, daß sie nun mit wogendem Herzkasten, der sich so schnell gar nicht beruhigen will, vor dem Beifall klatschenden Publikum steht, das nicht weiß, was es mehr bewundern soll: die unbändige Kraft der Waldlerin oder ihre zwei strammen Lungenflügel, die einer böhmischen Kinds-Amm durchaus zur Ehre gereicht hätten. Doch das ist noch nicht alles: Auch der Rock der Urschl hat sich bei diesem Kraftakt selbständig gemacht und ist nach unten abgesackt, daß jetzt die Bauerndirn dasteht, wie die alttestamentliche Judith vor dem geköpften Holofernes. Und weil sich die gaffende Menge an dem ganzen Auf und Nieder so schnell nicht sattsehen kann und immer wieder begeistert Beifall klatscht, einige sogar „Zugabe! Zugabe!“ rufen, schreit die Urschl in die Menschentraube hinein: „Schauts net so dumm! A Vogl wird no lang net nackert, wenn er a paar Federn verliert!“ Da freuen sich auch die Kinder, daß sie eine so tüchtige Mama haben, die ihnen gleich noch viel lieber ist als alle silbernen Luftballonherzen zusammen.

Gehört – gesehen

In Gumpenried hat an Kirchweih nach langer Zeit wieder einmal eine große Rauferei stattgefunden. „Die Maßkrüge sind in der Luft herumgeflogen wie die Schneeflocken“, hat der Zeitungsreporter ein paar Tage später geschrieben, „schuld an allem waren natürlich wieder die Weiber...“

Der alte Strahberger ist währenddem in der Wirtskuchl am warmen Ofen gesessen und hat den ganzen Trewedl aus sicherer Entfernung miterlebt.

Weil bei diesem Spektakel einer der Gumpenrieder Burschen gestochen wurde, ist die Sache grichtsmassig geworden, und der alte Strahberger ist als Zeuge geladen.

Er schildert, wie er von seinem Platz aus das ganze Auf und Nieder fast hautnah miterlebt hat.

„Haben Sie das alles mit eigenen Augen gesehen?“ fragt ihn der Richter. „Na, gseghn hab i nix“, gibt der Strahberger ehrlich zu, „aber ghört!“ „Das hilft uns nichts“, sagt der Herr Amtsgerichtsrat, „wir brauchen einen Augenzeugen.“

Der Strahberger setzt sich wieder, und weil man als älterer Mensch seine Körperfunktionen manchmal nicht mehr so gut unter Kontrolle hat wie ein Junger, kommt ihm einer aus. Ganz unabsichtlich. Der Richter, ohnedies schon etwas gereizt wegen des zähen Fortgangs der Verhandlung, poltert los: „Ich verbiete Ihnen, daß Sie sich im Gerichtssaal so unanständig benehmen. Haben Sie das verstanden?“

„Herr Richter“, fragt der Strahberger kuraschiert, „haben Sie etwas gesehen?“

„Nein, natürlich nicht“, gibt der Angesprochene zurück, „aber gehört!“

„Aber Sie haben doch grad vorhin gesagt, hören gilt bei Gericht nicht; das müßten Sie schon gesehen haben, Herr Richter!“

Glückliche Fügung

Mit dreißig Jahren etwa hatte sich der Lenz in eine Häuslerstochter verliebt, die allerdings an der Schwindsucht starb, bevor er sie heiraten konnte.

So um die vierzig herum ging er eine Zeit lang mit der Roten Lies; aber die lief ihm mit einem Handwerksburschen davon, der einmal im Heu ihres Bauern übernachtet hatte.

Mit fünfzig endlich hatte der Lenz eine gefunden, die war wie er: zwar arm wie die sprichwörtliche Kirchenmaus, aber robust, eine mit Irxnschmalz, körndlgfuttert wie man so sagt, allerdings hatte sie auch Haare auf den Zähnen, und es schien fast so, als ginge diesmal die treibende Kraft für die Heirat von ihr aus.

Aber nachdem es schon in der Bibel heißt, daß es nicht gut sei, wenn der Mensch allein ist, versuchte der Lenz die notwendige Heiratserlaubnis zu bekommen, die im vorigen Jahrhundert nur denen gegeben wurde, von denen der Gemeinderat annahm, daß sie hernach nicht der Armenkasse zur Last fallen würden.

Deshalb hat der Bräutigam in spe auch seine ganze Barschaft mitgenommen und breitet sie nun vor dem Bürgermeister aus, der mit geübtem Auge die Heller und Kreuzer überschlägt und daraufhin den Lenz fragt, wieviel er noch daheim habe.

„Dahoam? Nix mehr hab i dahoam, dös is mein ganzes Auf und Nieder!"

„Mei Mo", sagt das Gemeindeoberhaupt mitleidig, „da wird dös nix werdn mit derer Heirat. Dös is ja grad, wia wenn i möcht und kannt net!"

Der Lenz aber macht nach dieser Hiobsbotschaft gar kein so unglückliches Gesicht, wie man annehmen möchte, streicht seine Barschaft wieder Stück für Stück ein, sagt „Pfüat God!" und geht dann schnurstracks ins Bräuhaus. Dort hockt er sich an einen leeren Tisch, bestellt sich eine Portion Schweinernes mit Knödeln und Kraut, trinkt eine Maß Bier nach der anderen, wird dabei immer vergnügter und erzählt schließlich mit zufriedenem Lächeln den Anwesenden. „Jetz hätt mi der Herrgott strafa wolln, aber die Gemeinde hat s eahm net derlaubt!"

Das Aushängeschild

Dem Bürgermeister Franz Xaver Hölzlwimmer von Simpering tat es schon seit vielen Jahren in der kommunalpolitischen Seele weh, daß er keinen 'großen Mann' der Gemeinde aufweisen konnte, der für eine Straßenbenennung oder gar einen Schulhausnamen getaugt hätte. Kinder, die nach auswärts in die Schule gehen mußten, sollen in einschlägigen Unterrichtsstunden deswegen schon des öfteren gehänselt worden sein.

Deshalb gab das Gemeindeoberhaupt dem Herrn Hauptlehrer Benedikt Hasenöhrl den Auftrag, umgehend nach einem solchen Mann (notfalls auch nach einer entsprechenden Frau) zu fahnden. Der Schulmann wühlte daraufhin ganze Stöße staubiger Aktenfaszikel durch, aber außer einem räuberischen Perlfischer, einem im Backofen des Bürgermeisters erfrorenen (oder verhungerten) Handwerksburschen und einem wegen Doppelmords Gehenkten kam nichts zum Vorschein, was Simpering zu einem geschichtlich bedeutsamen Ort gemacht hätte.

– bis sich eines Tages die Situation schlagartig änderte. Hauptlehrer Hasenöhrl war fündig geworden! Der lang Gesuchte und endlich Gefundene hieß Erasmus Hinterdobler. Jedesmal, wenn jetzt der Geschichtsforscher von seinen Archivstudien nach Hause kam, hatte er neue Aktivitäten des großen Sohnes der Gemeinde Simpering herausgefunden.

Im Bischöflichen Archiv fand der Historiker, daß Hinterdobler aus Dankbarkeit für die glückliche Rückkehr aus dem Rußlandfeldzug des großen Kaisers Napoleon 1813 eine Feldkapelle erbaute und von einem Franziskanerpater weihen ließ; im Staatsarchiv entdeckte Hasenöhrl einen Eintrag, der besagte, daß Hinterdobler bei einer Feuersbrunst unter Einsatz seines Lebens ein taubstummes Kind aus den Flammen gerettet hatte, und in einem Musikarchiv fand er heraus, daß Simperings großer Sohn in jungen Jahren auch ein (leider verschollenes) Chorlied komponiert hatte.

Nachdem alles so trefflich gediehen war, kam es endlich zu dem lang erwarteten Gemeinderatsbeschluß, der allerdings – sehr zum Leidwesen von Bürgermeister Hölzlwimmer – nicht einstimmig ausfiel, weil der Bachmeier Luk schon vor der Abstimmung eingeschlafen war und sich dann geistig nicht so schnell zurechtfinden konnte.

Die Hauptstraße des Dorfes wurde nun umgehend in Erasmus-Hinterdobler-Allee umbenannt, die Grundschule bekam seinen Namen, und die Raiffeisenkasse ließ eine Gedenkmünze prägen. Da leider bis dato kein Bild des großen Sohnes der Gemeinde aufzutreiben war, fertigte Hauptlehrer Hasenöhrl ein Porträt, in dem man unschwer die Physiognomie seines Schöpfers wiedererkennen konnte.

So weit, so gut. – bis Simpering ein Jahr später einen neuen Pfarrer bekam, der sich bereits in seiner früheren Pfarrei als Lokalhistoriker einen Namen gemacht und eine umfangreiche Ortschronik erstellt hatte. Es fiel ihm zwar sachlich nicht schwer, die Erfindungen des Hauptlehrers Hasenöhrl als solche zu entlarven, aber um so schwerer, den Betroffenen reinen Wein einzuschenken.

Der einzige, der sich fürderhin brüstete, den ganzen Schwindel von Anfang an durchschaut und deshalb in der Gemeinderatssitzung dagegen gestimmt zu haben, war der Bachmeier Luk.

Das fehlende Bruchstück

Theophil Pernsteiner ist Hobby-Archäologe. Zur Zeit hat es ihm ein alter Steinbruch vor den Toren der Stadt angetan. Nach seinen Recherchen und fundierten Überlegungen mußten ihn schon die alten Römer benutzt haben, nachdem Tiberius und Drusus, die Stiefsöhne des Kaisers Augustus, das spätere Bayernland niedergeworfen und als Provinz Raetia dem Imperium Romanum einverleibt hatten.

Von April bis November verbringt der passionierte Altertumsforscher seine Freizeit auf dieser „Müllhalde", wie Theophils Gattin das Areal abschätzig bezeichnet, und so ist es nicht mehr als die längst überfällige Belohnung durch die Göttin Fortuna, daß der Ausgräber eines Tages im strömenden Regen auf eine zerbrochene Steinplatte mit den Versalien TENER stößt. Vom Lateinunterricht seiner Gymnasialzeit weiß er noch, daß 'tenere' so viel wie festhalten heißt. Er schlägt aber daheim doch vorsichtshalber im Lexikon nach und findet weitere Umschreibungen, wie z.B. innehaben, besitzen, bewahren, verstehen, eine Behauptung aufrecht erhalten u.ä. Das Adjektiv 'tener' bedeute, so erfährt er, verliebt, aber auch wollüstig, 'a tenere' von klein auf. Eine bunte Vielfalt von möglichen Inhalten tut sich da auf.

Gleich über das kommende Wochenende will der späte Epigone Heinrich Schliemanns, des Entdeckers Trojas, den halben Schutthaufen umgraben, so motiviert ist er. Und nach einem Tag anstrengender Arbeit findet er tatsächlich ein zweites Bruchstück. Es weist die Buchstabenfolge VERBO auf, – ein Wort, das selbst Nicht-Lateiner kennen, etwa als grammatikalische Bezeichnung für das Zeitwort oder aus den Termini 'expressis verbis', 'verbal', 'et verbum caro factum est'. Das Lexikon klärt unseren Altertumsforscher wieder auf, daß das Wort im Plural für Rede oder Aussage stehen, aber auch einen Ausspruch oder eine Zauberformel umschreiben könne.

Das passe ja nun ganz gut zu 'tenere' = besitzen, verstehen, meint der Hobbyforscher. Ist er hier möglicherweise einer frühchristlichen Sekte auf die Spur gekommen, Gnostikern vielleicht, oder einer anderen bis dato unbekannten apokryphen Gruppe, einem kirchlichen Geheimbund etwa ...?

Aber das alles gab noch keinen rechten Sinn. Da mußte doch noch ein drittes oder viertes Bruchstück zu finden sein, das missing link, wie man in angelsächsischen Ländern sagt.

Fieberhaft gräbt Theophil Pernsteiner in den nächsten Tagen, gräbt und gräbt so eifrig, daß seine Hände schon bald blutunterlaufene Schwielen aufweisen. Er schichtet einen Kubikmeter nach dem anderen um, – und wird schließlich noch einmal belohnt: er findet ein drittes Fragment, das anscheinend gut zu den beiden ersten paßt.

Als aber das verkrustete Erdreich abgewaschen ist und nach und nach die Buchstaben zum Vorschein kommen, trifft den Ausgräber beinahe der Schlag. Auf dem dritten Bruchstück steht lapidar und nüchtern das Wort EINGANG.

Der Gewährsmann

oder Wie der Ziegaus Peter einen Reporter geleimt hat

In Oberdegerndorf ist in eine Gartenmauer das Grab eines französischen Offiziers eingelassen. Der Franzmann, so verkündet die Inschrift auf dem Stein, war in der berühmten Schlacht von Eggmühl gefallen, die im Jahr 1809 gegen die Österreicher geschlagen und von Napoleon gewonnen wurde. Weil die Bayern damals auf der Seite Bonapartes standen, kündet heute an der Bahnstrecke Regensburg-Landshut ein großer in Erz gegossener Löwe von der ehemaligen Waffenbrüderschaft.

Der Ziegaus Peter weiß noch viel aus der alten Zeit. Das ist auch der Kulturredaktion der Lokalzeitung zu Ohren gekommen. Und was der Ziegaus Peter nicht weiß, das reimt er sich einfach zusammen. Das allerdings wieder ist der Kulturredaktion noch nicht zu Ohren gekommen, und deshalb meldet sich ein Reporter an, um den Peter an Ort und Stelle über das oben erwähnte geschichtliche Ereignis zu befragen.

Die beiden haben sich – dem genius loci Tribut zollend – im Gasthaus „Zum Napoleon" zusammenbestellt, der Peter und der Zeitungsmann. Aber viel ist aus dem Gewährsmann nicht herauszubringen. Zumindest nicht auf Anhieb. Erst nach der dritten Halbe und einer gehörigen Portion Preßsack wird der Peter etwas zugänglicher und gesprächiger. Der Reporter fragt ihn, ob er wisse, in welcher Situation und unter welchen Umständen der französische Offizier auf dem Feld der Ehre gefallen sei, welche heldenhaften Taten er vollbracht habe, und was halt dergleichen Fragen so sind.

„Ja mei,", druckst der Peter herum, „dös is a so a Sach, dös mit dem Feld der Ehre. Eigentlich is s ja mehr a Wies gwen ... A ganz a bsunderne Wies allerdings", grinst der Peter. Und weil der Reporter nicht reagiert, sagt er: „ – no ja, die untere Wies halt, die Brunnwies, – wennst woaßt, wos i moan!" Der Pressemann kennt sich in der bairischen Wortgeographie nicht so gut aus und fragt, ob der Franzmann vielleicht in einer versumpften Wiese unter einen Fourage-Wagen gekommen sei, oder ob ihn vielleicht eine verirrte Kugel getroffen habe, oder ...

Dem Peter gefallen alle diese Versionen nicht. Erst eine weitere Halbe Bier macht ihn gesprächiger. „Soviel ich weiß", flüstert er hinter vorgehaltener Hand und sieht sich nach allen Seiten um, als wäre ihm die Securite (der französische Geheimdienst) auf den Fersen, „soviel ich weiß, ist der Offizier standrechtlich erschossen worden, hingerichtet gewissermaßen..."

Ob er denn Fahnenflucht begangen habe, will der Reporter wissen. „Davon is mir nix erinnerlich", stellt der Peter fest, „i hab dir doch gsagt, daß da was mit eim Weiberleut gwen is. Soviel man heut noch weiß, hat er halt dös Mensch ... Geh, Herrschaftsseitn, i hab dirs doch scho gsagt, dös mit der unteren Wies ... Hast mi jetzt?"

Der Reporter hat ihn nicht. Noch nicht. Erst allmählich dämmert es ihm. „Hat er am Ende gar einer Frau Gewalt angetan...?"

„Ja, a so kann ma s aa nennen!", meint der Peter treuherzig. „Net amol 17, 18 Jahr is alt gwen. A bluatjungs Deandl, und bujdsauber!"

Ob man da Genaueres wisse, bohrt der Journalist, eine reißerische Story witternd. Nur soviel sei sicher, weiß der Peter, daß das Weiberleut – wie meist in solchen Fällen – eine aus den ärmeren Schichten gewesen sei. Ein Bauernmensch halt. „Aber bujdsauber!" betont der Erzähler noch einmal, als hätte er das Mädchen persönlich gekannt, „eine Bahnwärterstochter aus Eggmühl, eine, die der König Ludwig für seine Schönheitsgalerie genommen hätte, wenn sie um die Zeit noch am Leben gewesen wäre ..."

„Dös arme Deandl hat si no seier Muatter anvertraut", weiß der Kriegsberichterstatter, „und nachher hat sie si aufghängt, im Stadl von dem Bauern, bei dem s im Dienst gstandn is. Einfach am Mitterbrettn aufghängt, mit eim Kaiblstrick!"

„ – und daraufhin wurde dann der Offizier von einem Militärgericht zum Tode verurteilt und standrechtlich erschossen?" mutmaßt der Reporter.

„Ja, ja.", sinniert der Ziegaus, „genau a so is gwen, genau a so und net anders." Der Zeitungsmann ist zufrieden, er hat seine Story, macht noch ein Foto von dem Gewährsmann, wie er gerade vor seiner siebten oder achten Halbe und einer weiteren Portion Preßsack sitzt und auf den hinteren Stockzähnen grinst.

Am Abend erhält der Peter noch einmal einen Anruf aus der Redaktion: „War jetzt das Eggmühler Mädchen 17 oder 18 Jahre alt?" will man wissen.

„Siebzehneinhalb", gibt der Peter zur Antwort, das wisse er genau. „- und eine Bahnwärterstochter ist sie gewesen. Von Eggmühl..."

Eulalia an der Bahnschranke

Isidor Gstettner war ein Kleinhäusler in der Vorstadt, kein Kuhbauer, wie die Nachbarn in den Dörfern ringsum. Isidor war nur Herr über ein paar Geißen. Eine von ihnen – sie hörte aus weiß Gott welchen Gründen auf den schönen Namen Eulalia – war ihm ganz besonders an Herz gewachsen. Und deshalb machte er sich auch gleich auf den Weg, als sie wieder einmal nach dem Bock gelüstete.

Beide kannten den Weg ins nächste Dorf. Er führte zunächst eine Weile den Bahndamm entlang, dann mußten sie auf die andere Seite hinüber und ein Stück durch den Wald marschieren.

Kurz vor diesem Seitenwechsel war aber die Schranke heruntergelassen worden, und den beiden blieb nichts anderes übrig, als untätig zu warten. In dieser Phase des Nichtstuns forderte die Natur auch bei Isidor – wenngleich auf einem ganz anderen Gebiet – ihr Recht, und zwar recht plötzlich und nachhaltig und noch dazu zur ungünstigen Zeit am ungünstigen Ort.

Zunächst versuchte unser Tierzüchter, diese Entwicklung zurückzudrängen oder wenigstens so lange hinauszuzögern, bis sie in den Wald kamen. Aber das ist nicht immer so leicht, wie es sich anhört. Isidor sah sich deshalb vorsorglich nach einem schützenden Baum um. Da war aber keiner, sondern nur Buschwerk. Das war zwar für die geplante Verrichtung ebenso gut geeignet wie ein Baum, aber ein solcher wäre halt besser gewesen wegen der Geiß. Denn behielt Isidor sie in den Händen, würde sie ihn bei seinem Geschäft nur behindern, ließ er den Strick los, wäre sie vermutlich allein ihrem Trieb gefolgt, und Isidor hätte sehen können, wie er das brünftige Tier wieder einfangen konnte. An einen Baum hätte er sie anhängen können, an Busch- und Strauchwerk weniger.

Da kam dem Vielgeplagten eine großartige Idee. Bahnschranken sind ja stabil gebaut, das lassen schon die Sicherheitsbestimmungen der Bundesbahn nicht anders zu.

Isidor kannte die Strecke und wußte, daß um diese Zeit immer zwei, manchmal sogar drei Züge kamen. Isidor kannte auch den Bahnwärter. Er war nicht gerade einer der schnellsten, deshalb ließ er die Schranke vorzeitig herab und ließ sich dafür beim Hinaufziehen mehr Zeit. Ja, die Bahnschranke, das war die Idee! Dabei konnte sich Eulalia die Züge anschauen und den Duft der großen weiten Welt schnuppern.

Isidor tauchte derweilen in das dichte Gebüsch ein. Aber als er vorne fertig war, ging es hinten los. Und dann fehlten ihm auch noch die notwendigen Papiere, was ja im Umfeld von Schranken hin und wieder vorkommen soll. Kurz und gut, die Zeit verrann schneller als es Isidor lieb war. Und als er endlich mit seiner Verrichtung soweit fertig war, hörte er auch schon das Quietschen von Seilen und das Klirren und Scheppern der Metallamellen, und dazwischen hinein mengten sich die Klagelaute seiner Eulalia. Zu seinem Entsetzen mußte er mitansehen, wie die Schranke unbarmherzig in die Höhe stieg, und daran hing, gottserbärmlich meckernd, die Geiß! Der Strick zog sich immer stärker zu, bis er schließlich das beklagenswerte Tier stranguliert hatte und Eulalia als Abbild der geschundenen Schöpfung zwischen Himmel und Erde hing.

Seit diesem Tag hat Isidor ein gestörtes Verhältnis zur Technik.

Dö Zwiegschwanzte

Während des Zweiten Weltkriegs hätten alle Schweine statistisch erfaßt werden sollen. Zumindest die vierbeinigen. Aber manches Bäuerlein hielt sich im verborgenen eine schwarze Sau, wenn nicht gar mehrere von dieser beliebten und damals nicht gerade seltenen Sorte. Die wurde dann bei passender Gelegenheit, vorzugsweise des Nachts, vom Leben zum Tode befördert.

Der Haimerlbauer von Posching hatte einen ganz respektablen Hof, den er mit seinem Weib, der Schwiegertochter und einem kriegsgefangenen Franzosen bewirtschaften mußte, solange seine zwei Buben im Felde standen.

Aber Bauernarbeit macht hungrig, und auch die kleinen Enkelkinder wollten hin und wieder etwas Nahrhaftes haben, von der Verwandtschaft in der Stadt gar nicht zu reden. Deshalb fütterte sich auch der Haimerl, wie viele seiner Nachbarn, so eine schwarze Sau heran, und als es dem Herbst zuging, meldete er auf der Gemeinde ein Schwein zum Schlachten an, wie es damals Vorschrift war. Aber in der gleichen Nacht sollte auch für die schwarze Sau das letzte Stündlein geschlagen haben.

Gleich in aller Herrgottsfrühe kam der Gendarm auf dem Hof vorbei, um nach dem Rechten zu sehen und gegebenenfalls – soweit es geboten schien – den Dingen auf den Grund zu gehen. Da war aber das meiste schon geschehen, und der Hüter des Gesetzes konnte tatsächlich nur zwei etwa gleich große Schweinehälften entdecken. Eigenartig war nur, daß jede ein ganzes, völlig unversehrtes Schwänzchen aufzuweisen hatte.

„Wia erklärst dir denn dös?" fragte der Gendarm den Haimerl in dem herausfordenden Ton, der damals bei Amtspersonen üblich war.

„Ja mei", sagte der verdutzte Schweinezüchter und wiegte bedächtig seinen Kopf, „dös is sozusagen ein Wunder der Natur. I hab scho die ganze Zeit hin und her überlegt, was i macha soll. Wenn mir dös Fleisch net so notwendig brauchertn, hätt i ja dö zwiegschwanzte Sau scho lang an an Zirkus oder so a Raritätnkabinett verkaaft. Da hätt i bestimmt an schöna Batzn Geld kriagt dafür. Aber a so haben mir s halt leider schlachtn müassn. Is eigentlich schad drum. Oder net?“

Schreckliches Unglück am Heiligen Abend

Beim Hauser auf der Leiten ist es schon von jeher recht arm hergegangen. Trotzdem – oder gerade deshalb – haben sie die Stube voller Kinder. Da hat man dann schon seine liebe Not, die fünf oder sechs hungrigen Mäuler zu stopfen. Die herkömmlichen Festzeiten wie Ostern, Kirchweih oder Weihnachten fielen aus diesem Grund bei den Hauserischen in aller Regel unter den Tisch, das heißt, sie wurden einfach nicht zur Kenntnis genommen. Oder anders ausgedrückt: bei ihnen wären die Mäuse im Tischschubladen drin verhungert.

Das ging so lange leidlich gut, bis die älteren Kinder in die Volksschule kamen und dort hörten, was anderen der Osterhase oder das Christkind gebracht hatte, während bei ihnen der eine in Unkenntnis der Sachlage wieder einmal vorbeigehoppelt und das andere unverständlicherweise vorbeigeflogen war. Wie gesagt: auf die Dauer war dieser Zustand nicht haltbar.

Der Hauservater sinnierte hin und her, wie er es anstellen sollte, daß die Kinder nicht jedes Jahr vergeblich auf die Gaben des Christkinds warteten. Und tatsächlich kam er eines Nachts auf die rettende Idee.

Als wieder einmal der Heilige Abend unübersehbar im Kalender stand, schlich sich der Hauser bei hereinbrechender Dämmerung mit einem alten Vorderlader aus Urgroßvaters Tagen in den Garten, gab einige Schüsse ab, stürzte dann mit gespieltem Entsetzen in die Stube und sagte: „Muatter, Kinder, a schrecklichs Unglück is passiert: jetz hat sich grad hinterm Stadl hint s Christkindl derschossn ...!“

Redende Esel

Man fragte einmal einen alten weisen Menschen, ob er nicht mit in den Zirkus gehen wolle, dort wäre ein Esel zu sehen, dem man das Reden beigebracht habe.

Der Gelehrte schüttelte den Kopf und sagte: „Erstens brauche ich deswegen nicht in den Zirkus zu gehen, denn Esel, die reden, kann man heute bei allen möglichen Gelegenheiten treffen, am problemlosesten im Fernsehen, und zweitens wäre es sinnvoller, daß die Leute, die dem Esel das Reden beibringen wollen, von ihm das Schweigen lernten!"

SKETCHE

Im Museum

Prolog: Mann: Alte, muaß jetzt dö s sei, daß mir ins Museum gengan?

Frau: Man muaß aa hin und wieder was für sei Bildung toa. Vo nix kommt nix, dös muaßt dir merka!

Vor einem Rubensbild

Mann: Ah, ah, ah, ah, schau Alte, dö san aa guat übern Winter kemma! Dö habn dennerscht a paar Pfund Schweinsbratn z vuj ums Gnack umi.

Frau: Dö san ja glei so foast, daß ma s ohne Kraut net anschaun ko; dö Plunzn gengan ausanand wia a zrissne Heukirm.

Mann: – und an Hintern wia a Bräuroß. Oa Pfund schöner wia s andere!

Frau: Koa Wunder, daß dö glei a so owahaut, bei dem Gewicht!

Vor dem Gemälde „Leda mit dem Schwan“

Mann: Ja, was steh is aus...! So ein Trumm Ganserer!

Frau: Also, i hab scho vuj Gäns grupft in meim Leben, aber nackert no nia! Außerdem is s am Kirta und af Martini meistens scho recht frisch...

Mann: I sag s allerweil: A Gans is a komischer Vogl: oane is z wenig, und zwoa san z vuj!

Vor einer Giacometti-Plastik:

Mann: Bei so am Krischperl derfst aa zwoamal hinschaun bis d n omal siehgst. Der kimmt ja daher wia der Boandlkramer in Zivil.

Frau: – als wenn s n durch d Klarinettn durchizogn hättn, dö reinste Orgelpfeifn!

	Mann:	Der steht in seine Schuah, wia der Spatz in der Mörtlpfann. Wenn ma ea eahm a Glockn umhängert, kann ma n pfeigrad für an Kirchaturm haltn.
	Frau:	Arm wia auszuzelte Weißwürscht und Muskln wia dö Krampfadern von ara Goaß.
	Mann:	Der taugert guat für an Fastnprediger: vorn dürr und hint mager!
	Frau:	Solchene san aber aa oft bloß z faul zum Essn.
Epilog:	Mann:	Na, mir gangst! So schnell bringst mi nimmer in a so a Museum.
	Frau:	Recht hast, Alter. Um dös Geld hättn mir draußt am Kiosk leicht zwoa Leberkassemmeln kriagt und a Halbe Bier.

Hörerwünsche

„Hallo, hier ist die Frau Werlemeier. Ist dort die Sendung „Hörerwünsche“ im BR?“

„Ja, Havenstein. Guten Abend, Frau Werlemaier!“

„Werlemeier, mit ‚ei´bitte!“

„Wie bitte?“

„Werlemeier mit ‚ei´!“

„Ach so!“ Nun, was haben wir für einen Wunsch?“

„Ja, mei, wenn S mi so nett fragn, Herr Haferkamp, da hätt ich viele Wünsche. Manche trau ich mir gar net zum sagn...“

„Nun ja, ich meine, welchen Musikwunsch haben Sie?“

„Ja so. Dös is mir eigentlich gleich. Was Sie grad a so dahabn.“

„Wir haben so ziemlich alles.“

„A genghan S...? Nachher möchte ich – die ‚Madonna Bavaria´.“

„Aber Sie möchten vorher sicher auch noch jemanden grüßen?"

„Ja natürlich, dös is doch dös Wichtigste. Also: als erstes grüße ich meinen Mann. Er war in Mallorca."

„Und ist er noch nicht daheim?"

„Doch, doch, er sitzt neben mir auf der Couch und hört sich die Sendung aus."

„Und dann grüße ich noch unsere Nachbarin, die Frau Eiglmaier, hinten mit ‚ai´; Werlemeier mit ‚ei´, Eiglmaier mit ‚aí´. A so kennt ma uns leichter auseinander! Grüßen möchte ich auch den Herrn Pfarrer und die Damen vom Kegelclub, unsere Tochter Lisa, die jetzt in Amerika ist, und unseren Sohn Edgar..."

(Stimme aus dem Hintergrund): „A so a Schmarrn, der is ja scho fünf Jahr tot!"

„Wissen S, Herr Haferkamp, der hat si mit seim Motorradl derrennt, mitsamt seiner Freundin. Aber wir warn sowieso net einverstandn mit derer Verbindung...!"

„Das tut mir aber jetzt leid, Frau Werlemeier!"

„Haben S n ebba gar kennt, unseren Edgar? A so a großer war s...!"

„- und das sind dann wohl alle, Frau Werlemaier!"

„Ja, aber mit ‚ei´bitte! Halt. Einen schönen Gruß möchte ich noch anbringen an unseren Maxl!"

„Ach, Sie haben noch einen Sohn?"

„Na, Sohn nicht gerade. Der Maxl is unser Papagei. A so a grün-blauer. Komm, Maxl, sag dem Herrn Haferkamp ‚Guten Abend´!"

(Krächzende Stimme): „Mag net, mag net..."

„Blöds Vieh, blöds ... Wärst im Radio kemma...! Also dann auf Wiedersehen, Herr Haferkamp, und vergessen S den Gruß an meinen Mann nicht, sonst redt er wieder die ganze Wocha nix mit mir. Jessas, jetzt is er eigschlafa, der Depp. Akrat jetz, wo i ihn a zwoats Mal grüaßn hab lassen. – Mei, wird sich da die Frau Eiglmaier ärgern, daß i heut scho wieder durchkommen bin!"

Wirtshausdialog

Gast:	Grüß God!
Wirtin:	Grüaß God! Wos derfs n sei?
Gast:	A Schnitzl hätt i gern...!
Wirtin:	D Schnitzl san mir leider ausganga.
Gast:	– nachher an Schweinsbratn!
Wirtin:	Der oanzige Schweinsbratn, der no dagwen is, den ißt jetzt grad der Mo!
Gast:	In Gotts Nam, nachher langt mir aa a Gulaschsuppn.
Wirtin:	– haben mir leider koane!
Gast:	Leberkäs mit Ei?
Wirtin:	An Leberkaas haben mir aa nimmer.
Gast:	– und Pfälzer mit Kraut?
Wirtin:	Da hab i die letztn vor a halbn Stund verkaaft.
Gast:	Ja Herrschaftseitn, nachher geh i halt in a anders Wirtshaus!
Wirtin:	Wenn's unbedingt was essn wolln, wird Eahna kaum was anders überbleibn!
Gast:	(geht ab)
Wirtin:	(läuft ihm nach einiger Zeit hinterher) He, Sie, Hallo Sie...
Gast:	Ja?
Wirtin:	I wollt s Eahna bloß sagn: Wiener Würschtl – hab mir fei aa koane!

SATIREN

Bayerische Brotzeit

„A Karre-Wurscht
mit Pommes frites
und an Bigmäc
mit vui Kettschap!“

hat er verlangt,
der vom Trachtenverein,
beim Kirtatanz
im Dorfwirtshaus.

Cultured by Uncle Sam

Heutzutags treffn si
aa scho z Huglfing
die Teenies und Twens
in Blue jeans und Overall
mit T-Shirt und Blazer
zur Super-sound- oder
candle-light-party
im „High Society“

Sie trinka Cola mixed
und Scotch on the rocks,
raucha Lord und Kingsize
und checken die Singles,
die eah der DJ (Disc-Jockey)
mit very much feeling
und many special effects
afn Recorder legt.

Herzensbildung

Der Herr des Hauses flackt behäbig auf der Couch und ruft in die Richtung, in der er seine Frau vermutet: „Hol mir ein Bier!"

Sie – gerade mit dem Abwasch beschäftigt – meint: „Fehlt da nicht noch ein Wort mit fünf Buchstaben?"

Er – zeitunglesend – reagiert nicht. Sie aber läßt nicht locker: „ – mit zwei t...!" sagt sie.

Er überlegt eine Zeit lang, dann tönt es von der Couch zurück: „... – aber flott!"

Die Emanze

Als Fahrgästin fand sie
auf dem Bürgerinnensteig
eine blaue Hunderterin.

Für den Finderinnenlohn
genehmigte sich die Amtmännin
zwei Jägermeisterinnen.

Die Efrauze

In ihrer kleinen Frausarde
spielte sie auf der Fraudoline
das Lied vom Fraudelbaum,

dann aß sie einige Fraudarinen,
denn offensichtlich litt sie
an einer Fraugelkrankheit;

da halfen ihr auch das Hemd
mit den Frauschetten und die
Frauchesterhose nicht darüber hinweg.

Eine Antwort für Frau Fraufrau

Sehr geehrte Frau Herrmann bzw. Fraumann bzw. Fraufrau!

Die „Gesellschaft für die Emanzipation der deutschen Sprache“ bedankt sich für Ihren außergewöhnlich engagierten Brief zum Thema „Verfraulichte – verherrlichte Sprache“.

Wir haben uns in unserem (paritätisch besetzten) Gremium nach längerer Diskussion, in der sich niemand befrauscht beziehungsweise beherrscht fühlte, dazu durchgerungen, den von Ihnen vorgeschlagenen Begriff „Gästin“ (als Pendant zum männlichen Gast) in unser Wörterbuch aufzunehmen. Allerdings sollten Sie wissen, daß dieser Beschluß weitreichendere Folgen hat, als Sie vielleicht im Augenblick annehmen, weil wir nun logischerweise Formulierungen wie Deppin (süddt.), Dummköpfin, Frechdächsin, Geizhälsin, Hanswurstin, Hornkuh, Idiotin und Waschläppin – um nur einige Beispiele aus dem Bereich der Verbalinjurieren zu nennen – ebenfalls aufnehmen müssen. Waren diese Bezeichnungen früher eindeutig männlich determiniert, so steht nun im Zuge der weiblichen Emanzipation diese farbige Begriffswelt – endlich, wie Sie vielleicht sagen werden – auch den Frauen offen, die damit wieder einer Sache mehr Frau geworden sind.

Wie Sie sehen, fällt auch die Äpfelin nicht weit von der Stämmin!

Eine freundliche Grüßin
Ihr
Josef Männerhofer (vormals Frauenhofer)

Der/die/das Hanikriweih

Nach jahrzehntelanger Arbeit, die – wie man weiß – auch von Rückschlägen nicht verschont blieb, ist es der Konstruktionsabteilung der deutschen Schokoladen-Verbraucher-Forschung in enger Zusammenarbeit mit den Schoko-Marketing-Abteilungen und ihrem psycho-energetischen Arbeitskreis endlich gelungen, das zukunftsweisende Produkt der/die/das Hanikriweih zu kreieren.

Bis dato hatte es immer wieder die sattsam bekannten Probleme gegeben, nach den Feiertagen die Nikolaus- beziehungsweise Osterhasen-Restbestände neu zu verpacken oder gar – wie früher – umzuschmelzen. Dank der neuen Erfindung erübrigt sich in Zukunft das lästige Aus- und Umräumen der Regale; das Produkt wird das ganze Jahr über präsent sein, ein Umstand, der nicht unerheblich zur postulierten Akzeptanz beitragen wird, ganz abgesehen davon, daß damit auch eine längst geforderte Vereinheitlichung der Werbung erreicht wird.

Das neue Produkt Hanikriweih – und das betrachten wir als weiteres Plus – ist geschlechtslos. Während beim Osterhasen beziehungsweise der Osterhäsin früherer Jahre noch kaum größere Emanzipationsprobleme auftauchten, wurde die Sachlage beim Weihnachtsmann beziehungsweise der Weihnachtsfrau schon komplizierter, ähnlich wie bei der süddeutschen Nikoläusin.

Die neue Kreation ist auch zeitlos. Sie wird nicht nur an den Festtagen wie Weihnachten und Ostern gefragt sein, sondern sie eignet sich ebenso – mit einer Blume etwa – als kleines Geschenk zum Valentinstag, wie – mit turtelnden Tauben – zur Vermählung oder – mit einer weißen Kerze – zur Erstkommunion.

Da sie in jeder Hinsicht als konfessionsübergreifend betrachtet werden kann, erübrigen sich auch sprachliche Verrenkungen, wie sie noch aus DDR-Zeiten bekannt sind, als man Rauschgoldengel zu Jahreswechselflügelpuppen umfunktionieren mußte, oder aus unseren Tagen, in denen sich manche übereifrige Gastronomen überlegen, ob sie nicht das beliebte

Zigeunerschnitzel in Sinti-und-Roma-Fleischgericht umbenennen sollten.

Zugegeben: Das optimale Design hatte zunächst noch einige Probleme aufzugeben, aber mit der Kreuzung zwischen nordischer Luzienbraut und alpenländischem Kasermandl gelang es, eine Art gesamtdeutschen Festtags-Wolpertinger zu schaffen, der keine ästhetischen Wünsche offenläßt. Mit seinem runden Hasenfellbauch über den rustikalen Stiefelbeinen, den goldstaubglitzernden enganliegenden Flügeln und der roten Zipfelmütze über dem grinsenden Barbie-Gesicht ist der /die/das Hanikriweih eine außerordentlich gelungene Schöpfung, die nicht nur in hohem Maße automatenfreundlich ist, sondern selbstverständlich auch alle einschlägigen Euro-Normen erfüllt.

Der (gesetzlich geschützte) Name wurde ihm nach einem preisgekrönten Vorschlag von Prof. Dr. Dr. Erasmus Schwarzensteiner gegeben. In ihm sind alle wesentlichen Namenselemente enthalten (Hase, Nikolaus, Christkind, Weihnachtsmann), er klingt hochdeutsch, schafft aber auch regionalsprachliche Assoziationen.

Alles in allem: eine längst überfällige multikulturelle Schöpfung unserer Zeit.

Das Sieben-Stufen-Modell

I.

Früher, es muß in den siebziger Jahren gewesen sein, als unsere Demokratie noch ein politisches Entwicklungsfeld war, durfte man im Jahresbericht einer Schule – man höre und staune! – bei den Klassenlisten Namen, Geburtsdatum und Wohnort eines Schülers nennen. Das schien durchaus sinnvoll und praktisch. Noch Jahre später konnte man seinen Nutzen daraus ziehen, wenn beispielsweise Klassentreffen zu organisieren waren oder auch nur ein Geburtstagsgruß an eine ehemalige Mitschülerin geschickt werden wollte.

II.

Dann kam eines Tages ein gleichermaßen demo- wie bürokratischer Beamter auf die bahnbrechende Idee, daß der Wohnort eines Menschen zu seiner Privatsphäre zu rechnen sei und seine Geheimhaltung eine der vordringlichsten Aufgaben des Datenschutzes darstelle. Diese Erkenntnis wurde von seinen obersten Vorgesetzten nicht nur abgesegnet, sondern in den Rang eines Erlasses erhoben. Mit anderen Worten: Die Nennung des Wohnortes im Jahresbericht hatte künftig zu unterbleiben!

III.

Nun waren aber noch längst nicht alle Möglichkeiten einer systematischen Weiterentwicklung dieses Problems ausgeschöpft. Als nächstes kam logischerweise das Geburtsdatum an die Reihe. Denn mit den modernen Taschenrechnern oder zumindest mit einem PC konnten sich schlaue Füchse ausrechnen, daß jemand, der zwei Jahre älter war als sein Banknachbar, einmal eine „Ehrenrunde" gedreht haben mußte. Auch für horoskopische Mutmaßungen boten die einschlägigen Geburtsdaten eine Fülle von auswertbarem Material.

IV.

Also blieben für die ominösen Klassenlisten in den Jahresberichten nur noch die nackten Namen übrig. Aber auch dies erregte bald den Unwillen der Superdemokraten. Konnte man doch unschwer daraus entnehmen, daß Nachbars Uwe, den alle Welt auf dem Gymnasium wähnte, diesen Musentempel vorzeitig verlassen haben mußte und offensichtlich in die ordinären Niederungen der Realschule hinabgestiegen war. Diesen psychologischen Tort konnte man natürlich einer bundesdeutschen Familie nicht antun. Es folgte deshalb eine weitere ministerielle Verlautbarung, daß Klassenlisten fürderhin auch auf die Namen der Schüler zu verzichten hätten.

V.

Blieb noch das obligate Klassenfoto. Aber der Anarchie verdächtige Mitschüler zeigten es ihren Eltern und machten zu den einzelnen Personen Bemerkungen, die manch schützenswerte Angaben enthielten, die beim besten Willen nicht mit dem weiterentwickelten Demokratieverständnis der späten achtziger Jahre in Einklang zu bringen waren.

VI.

– bis eines Tages ein begabter Senkrechtstarter im inzwischen geschaffenen Datenschutz-Ministerium die ideale Lösung fand und deswegen stehenden Fußes in den Rang eines Ministerialrats erhoben wurde: Klassenlisten sollten in Zukunft weder Wohnort noch Geburtsdatum und erst recht nicht den Namen oder das Bild eines Schülers enthalten. Selbst die zunächst noch akzeptierte Angabe „16 Knaben und 15 Mädchen“ mußte fallengelassen werden, weil die Aufteilung in Geschlechter gerade noch rechtzeitig genug als Überbleibsel konservativer Regierungspolitik der Ära Kohl erkannt wurde. Der einzige Text der genehmigten Klassenliste hieß – um ein völlig willkürlich gewähltes Beispiel herauszugreifen: Klasse 8b. Sonst nichts.

VII.

Aber für einen deutschen Beamten gibt es – entgegen der Meinung zahlreicher Witzemacher – kein Ausruhen auf einmal errungenen Lorbeeren. Bereits seit Wochen arbeitet unser Mann an einer nochmaligen Verbesserung seiner ausgezeichneten Lösung. Durch eine Indiskretion wurde nämlich bekannt, daß er dem absoluten Non-plus-ultra schon ziemlich nahe gekommen sein soll, der Erkenntnis nämlich, daß eigentlich nur ein völlig leeres Blatt die optimale datenschutzkonforme Lösung sei. Zumindest vorerst. Denn vielleicht ließe sich auch da eines Tages noch ein Haar in der Suppe finden.

+

Wie sagte doch jener anatolische Gastarbeiter, als er bei uns zum ersten Mal ein Eichhörnchen sah? „Armes Deutschland, kleines Fuchs!“

Ich weiß, ich hätte das auch nicht sagen dürfen. Schließlich ist es diskriminierend und schrammt am Abgrund des Ausländerhasses entlang, wenn ich auch nur die Möglichkeit in Betracht ziehe, unser Freund kenne kein Eichhörnchen.

Der Wolpertinger
Das moderne bayerische Wappentier

Der Wolpertinger hat sich am Ende des Jahrhunderts endgültig zum bayerischen Wappentier gemausert, und es ist an der Zeit, seine Erscheinung nicht isoliert, sondern in einem größeren kulturellen Kontext zu sehen.

So ist es eine bekannte Tatsache, daß sich die Gwappelten (das heißt, die wappenführenden Geschlechter) im Laufe der bayerischen Geschichte schon immer gern mit Tieren geschmückt haben: die Welfen mit den Löwen, die Ortenburger mit dem Panther und die waldlerischen Chamerauer mit einer roten Wildsau; für die kleineren Rittergeschlechter, zum Beispiel die Heilsberger im Falkensteiner Vorwald, blieb zumindest noch ein Hirschgeweih und für die Schierlinger eine Gans, bevor man in Hunderdorf und Windberg endgültig auf den Hund kam.

Im 15. Jahrhundert versuchte man zwar noch einmal, dem bayerischen Landesherrn (der inzwischen auf die unverfänglichen Rauten umgestiegen war) in der Gesellschaft der Böckler und Löwler die inzwischen stumpf gewordenen Zähne zu zeigen, aber es blieb beim Versuch.

Wem nun die Möglichkeit fehlte, sich tagsüber ein solches Fabelwesen in Form einer Helmzier über den Kopf zu stülpen, der ging am Abend in den Roten Ochsen, den Silbernen Fisch oder die Goldene Gans, aß seinen Schweinsbraten, spielte Schafkopf und brachte zumindest einen Affen mit nach Hause, wenn er nicht ohnedies schon eine Meise hatte oder der Kuckuck auf den Möbeln saß.

Selbst in der Kirche stiegen Viehpatrone im Kurs, allen voran der bayerische Vize-Herrgott St. Leonhard und der Sünchinger Sautonerl. Lupus (lat. Wolf) und Wolfgang schützten die Herden vor dem Wolf, Eberhard sollte sich für die Eber verantwortlich fühlen, und Gallus (lat. Hahn) galt als Patron des Hühnerstalls. Stoßgebete wie diese wurden zum Himmel geschickt:

O heiliger Sankt Leonhard, du Viehpatron,
sieh uns als deine Kinder an...!

Als anfangs des 20. Jahrhunderts die Eigenpersönlichkeit der Kinder entdeckt wurde, erfand man in der Amtszeit eines Präsidenten namens Theodor jenseits des Großen Teichs den Teddybären, und findige Lakritz-Fabrikanten kreierten den Bärendreck. Weil sich beide aber am Ende des Jahrhunderts als viel zu brav für unsere Kinderzimmer erwiesen, importierten die Fernsehgewaltigen vom Stern Melmac den Katzenfresser Alf.

Da nun in unserer Zeit die oft wie Pfingstochsen herausgeputzten Blaublütler keine allzu große Rolle mehr spielen, zumindest so lange sie nicht ihren angestaubten Familienschmuck versilbern, und es selbst der wortgewaltige Georg Lohmeier schwer genug hat, den weiß-blauen Königsgedanken hochzuhalten, da es außerdem keine großen Turniere mehr zu bestreiten gibt – außer im Fußball und Tennis – und selbst der Bier- und Brathendlkonsum vorwiegend zu Hause vor dem Glotzophon stattfindet, war es eine unabdingbare Notwendigkeit, für den bayerischen Otto Normalverbraucher den Wolpi ins Dasein zu rufen, mehr vorweggenommenes Ergebnis von Gen-Manipulationen als greif-bares Fabelwesen.

Dieser Wolpi ist inzwischen das stammes- und standesgemäße Wappentier des urigen Neu-Bayern geworden (wie immer der auch aussehen mag): vielschichtig und vielgesichtig wie das Erbe der Völkerwanderungszeit, das noch im bajuwarischen Körper pulsiert und ihn einerseits zu beachtlichen sportlichen Aktivitäten motiviert, zum Beispiel den europäischen Meisterschaften im Fingerhakeln, andererseits zu nicht minder großen künstlerischen Leistungen befähigt: Man denke nur an diverse Watschentänze, an Dauerjodelwettbewerbe, Knödelfreßorgien oder Preisschnupfveranstaltungen auf Landesebene.

Was unseren Großvätern ihre Zamperl, was unseren Kids die Saurier, das sind heute den Bilderbuchbayern ihre Wolpertinger. Laßt sie ihnen! Sie sind mit Sicherheit harmloser und wesentlich ungefährlicher als die preußischen Adler, einheimische Hornochsen und Neidhammel oder widerliche Kredithaie und kreisende Pleitegeier.

Vernissage

„Liebe Kunstgemeinde, ich darf Sie namens des Herrn Oberbürgermeisters und des Kulturausschusses unserer Stadt zu dieser Vernissage auf das herzlichste willkommen heißen. Leider ist der Meister dieser Werke plötzlich erkrankt, aber seine Bilder sprechen eine umso deutlichere Sprache..."

„Mama, Mama...!"

„Sei staad, Bua, hernach derfst was fragn!"

„... seine Arbeitsweise ist von ungewöhnlicher Dynamik, um nicht zu sagen Dramatik. Sein reiches Vokabular der Sinnlichkeit schafft seelische Erlebnisräume und ermöglicht auf diese Weise einen fruchtbaren Dialog zwischen Erotik und Autorität. Kurz: es thematisiert und interpretiert gleichzeitig auch das Dasein als solches. Die Betonung der Körper ist also nicht künstlerischer Selbstzweck, wie sie beispielhaft an diesem Exponat sehen können, sondern dient in seiner expressiven Eigenwilligkeit der Metaphorik des Dinglichen..."

„Mama, Mama...!"

„A Ruah gibst jetz...!"

„... Wie Sie sehen, kontrastiert das Vegetabile der Binnenzone in beinahe sarkastischer Weise mit der Exzessivität der Umgebung. Man könnte geradezu von einer metaphorischen Transformation des Sinnlichen sprechen. Der Wechsel zwischen Inszenierung und Projektion wird urplötzlich erlebbar, denn gerade das Ambiente entwickelt eine Eigendynamik, deren emotionaler Gehalt die verschiedenen Wirklichkeiten erahnen läßt. Pars pro toto wird hier die unausweichliche Ambivalenz zwischen der Hierarchie des Lebens und dem Über-Ich des Todes prognostiziert."

„Mama, Mama, was machen denn die mit meiner Zeichnung? Und warum haben sie s verkehrt herum afghängt...?“ ·

„– anschließend Siegerehrung!“

Erlebnisse eines Olympiade-Verdächtigen

„He, sieh mal! Was will denn der Knülch mit seinen Propellerschiern?“ fragten die Zünftigen, als ich oben am Start aufkreuzte. Dabei deuteten sie mit ihren Leichtmetallstöcken herausfordernd auf meine Schispitzen, die es mir im vorigen Jahr tatsächlich ein wenig verbogen hatte, als ich noch blutiger Anfänger war. Aber ich ließ sie lächeln. Ich wußte von Le Bon und Ortega y Gasset, daß die Masse nach ihren eigenen Gesetzen handelt. Bald würde sich ihr Lächeln in ehrfurchtsvolle Bewunderung verwandeln, wenn sie mich morgen beim Frühstück oder auf dem Weg zur Arbeit in Axel Springers Bildzeitung sahen. „Sieg eines Außenseiters! Unbekannter Profi-“, Entschuldigung! „Unbekannter Provinzler gewinnt den vorolympischen Ausscheidungskampf!“

„Den haben wir doch noch gar nicht im Fernsehen gesehen!“ würden sie dann wohl sagen. Aber so ist es nun einmal beim Sport: Das Genie wächst mit Vorliebe im Schatten der Lorbeeren!

Glücklicherweise bekam ich nicht Startnummer 13. In diesem Falle hätte ich nämlich gar nicht mitgemacht. Denn als „Sportler auf dem Wege zum Ruhm“ bin ich zum Aberglauben verpflichtet. Im Vertrauen gesagt. Ich habe mit dieser Nummer wirklich noch nie etwas gewonnen, weder im Glückshafen noch im Lotto.

Ausgesprochen günstig stand dagegen mein Horoskop. Es versprach mir Sternstunden am laufenden Band:

„Sie brauchen keine Minderwertigkeitskomplexe zu bekommen, wenn andere groß angeben. Sie können es noch besser!“

„Finden sie sich ruhig damit ab, daß sie noch nicht an der Reihe sind! Bald gibt es für Sie mehr zu tun, als auf dem Programm steht."

„Die kommenden Stunden werden beweisen, daß sie dem Höhepunkt eines ganzen Zeitabschnittes entgegengehen. Sie müssen sich nur immer wieder etwas Neues einfallen lassen und den Mut haben, eingefahrene Spuren zu verlassen. Wenn Ihnen das gelingt, wird man auch von Ihnen sagen können: Er kam, sah und siegte!"

Vielleicht hätte ich aber trotz dieser guten Konstellationen noch aufgeben müssen. Denn als die Nummer vor mir aufgerufen wurde, drückte mich irgend etwas so unverschämt in der Baugegend, daß...

Aber lassen wir das! Es kam nämlich ganz anders.

Einer meiner unbekannten Freunde (oder hatte ich schon Verehrer, Fans?) mußte meine Bedenken geahnt, sich von hinten an mich herangemacht und mich einfach unter dem Startband durchgeschoben haben. Bis mir das richtig zum Bewußtsein kam, konnte ich schon nicht mehr anhalten. Der Sog des Schicksals hatte mich ergriffen, und ich ließ mich treiben.

Die Piste war – in der Sprache der Gastgeber- in einem saumäßigen Zustand. Einmal lag mitten in der Bahn ein junger Felsen. Da ich gerade in einer gewaltigen Schußfahrt begriffen war, konnte ich nicht ausweichen (der Felsen natürlich auch nicht) und so rasierte ich ihn zur Häfte weg. Wenigstens schien es mir so. Ein anderes Mal blieben meine Skier plötzlich stecken, und ich flog kopfüber in den Wald. Irgend so ein Trottel vom Pistendienst mußte – in höchster Verantwortungslosigkeit und totaler Verkennung seiner Aufgaben – seinen Kaugummi auf die Strecke gespuckt haben. Kaum hatte ich mich dann wieder aufgerappelt und stand einigermaßen verkehrssicher auf der Bahn, mußte ich aufs neue in Deckung gehen, weil die Konkurrenz herunterbrauste. Das ging etliche Male so hin und her – bis mir die Geduld ausging und ich mir dieses unsportliche Benehmen ein für allemal verbat. Dann war Ruhe. Ich hatte Vorfahrt. Schließlich stand ich ja auch auf der rechten Seite!

Einmal fuhr ich sogar durch unmarkiertes Gelände. Nach der Zahl der Spuren zu schließen, waren hier noch nicht viele durchgekommen. Anscheinend hatte ich mich in meiner Verbissenheit an die Spitze vorgearbeitet. Es konnte natürlich auch an der schlechten Organisation liegen. Nach einer knappen halben Stunde war ich aber wieder auf der Piste und konnte trotz notwendigen (wenn im Fahrplan auch nicht vorgesehenen) Zwischenlandungen meine Schußfahrt ungehindert fortsetzen. Nur einmal mußte ich noch eine kleine Rast für einen Imbiß einlegen, für eine „Jause", wie man hierzulande sagt. Ich war ganz von meinen Kräften gekommen.

Eine weitere Viertelstunde verlor ich dadurch, daß es meinem rechten Ski bei einer Stopstelle gelang, sich selbständig zu machen und das Rennen unter eigener Regie weiterzuführen. Dieser hinterhältige Feigling! Damit mir das nicht ein zweites Mal passieren konnte, schnallte ich am nächsten Steilhang ab und sappte ihn zu Fuß hinunter. Auch das obligate „Kanonenrohr" durchwanderte ich per pedes apostolorum. Das war sicherer. Ich hatte ohnedies noch Pech genug. Ich fiel nämlich auf eine mir durchaus unerklärliche Weise in den Bach, der neben dem „Kanonenrohr" ins Tal lief. Möglicherweise ein raffinierter Sabotageakt der Konkurrenz! Man kennt ja diese Methode zur Genüge aus den amerikanischen Gangsterfilmen. Froschmänner und so. Nun, das Wasser war natürlich ziemlich kalt. Für die Jahreszeit weiter nicht verwunderlich.

Als ich nach dieser Erfrischung zur Abwechslung – den Begriff des Intervallsports darf ich ja wohl als bekannt voraussetzen – wieder einmal angeschnallt hatte und in rasantem Lauf dem Ziel entgegenfuhr, merkte ich erst, daß fast keine Zuschauer zu dem Rennen gekommen waren. Ich wenigstens sah niemanden. Aber das ist heute bei jeder Sportart so: Die Leute verfolgen die Kämpfe lieber auf ihrer häuslichen Flimmerscheibe. Sicher saßen irgendwo an den Rändern der Piste die Aufnahmeteams der großen Fernsehgesellschaften. Möglicherweise Eurovision! Sie wissen ja: Livesendungen haben so ein gewisses Etwas. Vielleicht war auch die Sache mit dem Kaugummi und mit dem Sturz in den Bach ein abgekartetes Spiel gewesen. Da hatte unter Umständen der Regisseur einen guten

Gag gebraucht, und ich war – im wahrsten Sinne des Wortes – darauf hereingefallen. Natürlich. Ob ich da Anspruch auf eine Gage geltend machen konnte? Möglich.

Diese Überlegungen stärkten mein Selbstvertrauen derart, daß ich versuchte, zum Schluß noch einen besonders guten Eindruck zu machen, – ein Vorsatz, den ich bei verschiedenen Stürzen gleich mehrmals in die Tat umsetzen konnte.

Leider näherte ich mich jetzt allmählich dem Ziel. Dort fand ich zu meinem nicht geringen Erstaunen nur einen alten wackeligen Tisch vor, auf einem eine Stoppuhr und ein Zettel lagen:

Wenn Ankunft noch vor Einbruch der Dunkelheit erfolgt, bitte Zeit selber abnehmen! Die Jury ist beim Abendessen. Anschließend Siegerehrung.

Bis ich das entziffert hatte, war es leider so finster geworden, daß ich die Zeit beim besten Willen nicht mehr ablesen konnte.

Schade, daß es im Winter schon so früh dunkel wird.

Quo vadis, Allgemeinbildung?

Jeder weiß es: Wir leben in einer zunehmend von Werbung geprägten Zeit, in der viele Zeitgenossen Heraklit für den Erfinder der Dämmplatten, Meister Eckhart für den Erfinder des Betons, Cromwell für einen Scheuerpulver-Fabrikanten, den Hennegau für eine Hühnerfarm, Belletristik für die Lehre vom Hundegebell, Klopstock für einen Vertreter der autoritären Erziehung und die Perestroika für eine neue Wodkamarke halten.

Besonders deutlich zeigt sich eine solche bis auf die Knochen abgemagerte Allgemeinbildung im Umfeld von Kirche und Religion. Da wird (ausgerechnet im Regensburger Bistumsblatt) ein Bittgang zu U.L.F. (zu Unserer Lieben Frau) von Haindling zu einer Wallfahrt zu einem neuen Heiligen der katholischen Kirche, nämlich zu Ulf von Haindling. Da will dann verständlicherweise auch der Bayerische Rundfunk nicht zurückstehen und spricht von den Weissagungen der Fatima, oder man läßt den 1996 verstorbenen bayerischen Kronprinzen Rupprecht in der Münchner Theaterkirche aufgebahrt werden.

Aus einem sauber getippten Manuskript, in dem mehrmals der Begriff „Taufmatrikel" vorkommt, wird konsequent „Taufmaterial" gesetzt, ein Heiliger auf dem Postament neben dem Hochaltar wird zu einem Heiligen auf dem Postamt, und ein Einsiedler, der in seinem zerlumpten Habit durch die Lande zieht, hat - eh du dichs versiehst – einen zerlumpten Habicht bei sich.

Zu wundern braucht uns dies alles freilich nicht, denn der Dilettantismus hat heutzutage Hochkonjunktur. Wer zu Hause ein paar alte Münzen aus Großvätertagen in der Schublade liegen hat, schimpft sich Numismatiker, wer ein paar Takte auf der Geige zu kratzen imstande ist, nennt sich Violinkünstler, und wer ein paar Fetzen Stoff oder Wellpappe mit Pattex auf einen Karton klebt und noch ein bißchen Farbe darüberschüttet, hat eine künstlerische Collage gefertigt, - natürlich „ohne Titel". Wer für den örtlichen OGV ein paar Nikolaus-Verse reimt, läßt sich in der Zeitung als Volksschriftsteller feiern, wer den

Namen seiner zwei Großmütter kennt, ist ein Ahnenforscher, und wer am Heiligen Abend in die Christmette geht, bezeichnet sich als praktizierenden Christen.

Nicht ganz unschuldig an diesen Selbstüberschätzungen scheint mir das Fernsehen zu sein. Wenn ein Showmaster seinem Gast ein paar Fragen nach Körpergröße, Oberweite und seinem ersten Orgasmus stellt, und der oder die Angesprochene die Antwort leidlich zuwegebringt, nennt sich das ganze eine außerordentlich informative Talkshow.

Liest eigentlich noch jemand in dieser Republik? Doch! Man sagt, daß immer mehr Fernsehgeräte geleast werden.

GLOSSEN

Urin-stinkt beim Tran-sport

oder wie ein Com-puter Laus-anne und Heiden-elke trennte

Immer häufiger kann man in der letzten Zeit in den Print-Medien (früher sagte man dazu schlicht Zeitungen und Zeitschriften) seltsame Wortgebilde finden, deren Inhalt sich dem geistigen Normalverbraucher erst nach einigem Nachdenken erschließt. Oder was, bitteschön, stellen Sie sich unter einem Tran-sport vor? Oder (als möglicherweise medizinisch Ungebildeter) unter einer Bauch-ronologie? Da ist von Bord-ellen und Konsum-enten die Rede, oder von Miss-etat am Alpeno-strand.

Gemeint sind jene typischen Er-zeugnisse von Com-putertrennungen in den Setzereien unserer Verlage. Es sind weiß Gott nicht nur die billigen Programme, die solchen Sprachkäse produzieren, sondern auch teuerere Versionen. Denn beat-men kann man natürlich so trennen, oder bein-halten. Man soll es halt nicht. Aber sagen Sie das einmal einem Com-puter! Auch der Urin-stinkt ist möglich und Kleiderli-nie. Man liest von Wohne-tagen, Mofaun-fällen, Stiefel-tern, Bucher-folgen und Spar-gelernten, von Textil-lustrationen, Nachteil-zügen, Talent-wässerung, Anal-phabeten und Salonal-bumserien. Da hilft dann auch der beste Klebeum-bruch in der Heimat-mosphäre nichts mehr. Die Voraus-scheidungen wurden schon früher getroffen.

Die entsprechenden Texte lesen sich dann so: An dem Tag, an dem sich die Braut mit ihrem Verlobten die Best-ecke für die Hochzeit aussuchen wollte, ordnete der Hauptmann einen dieser lästigen Qualm-ärsche durch einen langen Wal-darm an, anschließend steckte er den kleinen Ge-freiten in die Wachs-tube. Nachdem der Fuß-ballstar endlich Ballkon-takt bekommen hatte, beendete er mit sicherem Schuß die Torf-laute. Da er anschließend noch Blumenau-tomaten suchte, kam er zu spät zum Abendessen, bei dem es ohnehin nur Kau-fladenbrot, Schau-meier aus Eier-satz und Wur-steintopf gab. Die Garderobe des Er-blassers reichte von der Galauni-form bis zum Maurero-verall. Beim Nachti-schwein sprach man u.a. über die Pan-amazone, Verkehr-sachsen und Gehil-finnen , Computerinnen-leben, Barocken-gelchen, Spargel-der und Wies-endung als Blumento-pferde. Auch Laus-anne und die Heiden-elke und ihre Tal-ente boten Gesprächsstoff, ebenso wie der Aufenthalt-spaß für Türken und verschiedene Reiseim-pressionen. Ein Big-otter schwärmte sogar von der Himmel-sau. Vollkas-komenta-lität, Talmiele-ganz und ein interessanter Geschäft-strick waren weitere Themen. Einige Germanisten kamen sich anschließend wegen der Beur-teilung eines Verse-pos in die Haare; ein Wutz-werg a la Motzki konnte dem Lachs-turm außer dem falsch gewählten Bind-estrich keine Lacher-folge entgegensetzen.

Unter solchen Vor-aussetzungen ist dann ein normaler Druckfehler auf einer Speisenkarte, zum Beispiel ein saftiges rosiges Putten-Schnitzel, eine wahre Erholung mit sprachlicher Haus-mannskost.

Wie der aufmerksame Leser schon gemerkt hat, enthält dieser Text drei verschiedene Arten von Trennungen: solche, die richtig, aber mißverständlich sind (zum Beispiel Mofaun-fälle), solche, die mißverständlich und auch gar nicht möglich sind (zum Beispiel Torf-laute) und solche, die gegebenenfalls richtig sein können, aber nicht im vorliegenden Fall (zum Beispiel Wachs-tube).

Wenn allerdings die z. Z. noch umstrittene Rechtschriftreform einmal greift, werden auch Trennungen wie diese möglich sein: A-busus, allabendlich, Obst-ruktion, Seeele-fant, Tee-nager u. ä.

„Liebe Gästinnen und Gäste!“

hörte ich neulich einen Redner eine Ansprache beginnen. Zugegeben, diese Anrede ist ungewohnt. Aber recht hat er. Denn wenn schon ein Pfarrer in der Kirche seine Gläubigen mit „Liebe Christinnen und Christen“ begrüßt, warum dann nicht auch „Liebe Gästinnen und Gäste!“

Aber es gibt natürlich schon noch Probleme bei der sprachlichen Umsetzung der Emanzipation: Beim Teufel mag ja die

Teufelin noch angehen, aber wie ist das beim Nikolaus, beim Weihnachtsmann, bei einem Geist oder gar beim Tod? Ist schon Bruder Hein nicht sehr willkommen, so können wir uns halt mit der Tödin noch weniger anfreunden.

Auch die Jahreszeiten müßten nicht ausschließlich männlch determiniert sein. Warum sprechen wir nicht von der Winterin und der Frühlingin? Sommer und Herbst können ja – um den Proporz (oder heißt es schon: die Propörzin?) zu wahren – maskulin bleiben?

Bei der Suche nach einem Ausweg aus diesem Dilemma kommt mir die Mundart in den Sinn. Vielleicht wäre die alternative Verwendung von Dialekt und Hochsprache eine Lösung? Bairisch: der Zugspitz, hochdeutsch: die Zugspitze, oder wie allgemein üblich: bairisch: der Butter, hochdeutsch: die Butter (ähnlich – um nur einige Beispiele anzuführen -: der Nuller / die Null, der Schneck / die Schnecke, der Schokolad / die Schokolade, der Petersil / die Petersilie, der Zwiefe / die Zwiebel, der Zeha / die Zehe, der Schurz / die Schürze, der Zeck / die Zecke, der Weß / die Wespe, der Ratz / die Ratte, der Heuschreck / die Heuschrecke).

Sie sehen: Das Problem ist lösbar!

Ein herzliches Quak-quak

In unserer Tageszeitung haben es mir seit einiger Zeit besonders die sogenannten Familienanzeigen angetan, eine Spezies, die in den letzten Jahren enorm an Beliebtheit gewonnen hat. Man kann nämlich daraus viel Wissenswertes für seine Allgemeinbildung beziehen. Zum Beispiel hört man von Wunderkindern, die schon mit einem Jahr lesen können:

> Lieber Sven-Rüdiger,
> heute bist du ein Jahr alt.
> Alles Gute zu Deinem Geburtstag
> wünschen dir Maja und August,
> Deine Dich liebenden Eltern.

Man erfährt auch manches Neue aus dem weiten Feld der Zoologie, etwa über soziale Kontakte der unterschiedlichsten Tiergattungen:

Lieber Brummbär!
Wirst du Ostern bei mir
in Deiner gewohnten Höhle schlafen?
Dein Zaubermäuslein!

Oder man lernt bisher unbekannte Verhaltensweisen in puncto Kommunikation im Tierreich kennen:

Lieber Frosch!
Ein herzliches Quak-quak
zu deinem 70. Geburtstag.
Dein Murmeltier.

Aber auch restriktive Maßnahmen werden in Aussicht gestellt:

Mein lieber Wolf,
ich warne Dich!
Wenn Du noch einmal
in fremden Revieren jagst,
wirst Du meine Krallen kennenlernen!
Deine Wildkatze

Andere Texte sind von Haus aus schon ein bißchen frivoler, um nicht zu sagen lasziver – angelegt:

Mein lieber Mümmelmann,
ich möchte an Ostern
am liebsten Deine Eier suchen.
Dein Hasilein.

Und die Antwort darauf:

Liebe Osterhäsin!
Meine Eier sind nicht alles.
Ich lade Dich ein, über die Feiertage
in meinem kuscheligen Nest zu schlafen.
Dein Rammler

Man muß ja dabei nicht gleich an Sacher-Masoch denken:

Lieber guter Nikolaus,
laß mich Deine Rute spüren,
ich brenne schon so darauf.
Deine Luzia.

Von den diversen Höchstleistungen deutscher Reimkunst gar nicht zu reden. Das bekannteste Beispiel ist sicher der in ganz Deutschland von Bremerhaven über Bernkastel bis Berchtesgaden verbreiteten Klassiker:

Unglaublich, aber wahr,
der Opa wird heut 50 Jahr ...

Der letzte Gruß und die Grammatik

Vereinsvorstände haben es nicht leicht. Vor allem nicht an offenen Gräbern. Der oder die Verstorbene war ja jahre-, wenn nicht gar jahrzehntelang ein treues Mitglied; ob nun besonders aktiv oder besonders passiv spielt jetzt ‚sub specie aeternitatis´ keine Rolle mehr. Mitgliedsbeiträge wurden auf jeden Fall bezahlt. Denn sonst wäre das Mitglied schon vorher eine Leiche gewesen, eine Karteileiche. Und deshalb ist jetzt „der letzte Gruß" fällig.

Schade, daß es der letzte ist. Aber wo kämen wir da hin! Es gibt ja schließlich auch hundertjährige Vereine. Und wenn da alle verstorbenen... Gar nicht auszudenken!

Aber wieder zurück zum letzten Gruß. Er hat in aller Regel die Erscheinungsform eines Kranzes. Nicht zu teuer, damit die Vereinskasse nicht ungebührlich belastet wird, aber auch nicht zu billig, man will ja schließlich nicht ins Gerede kommen. Apropos Gerede! Die obligatorischen Worte des Herrn oder der Frau Vorsitzenden. Entschuldigung: der Frau oder des Herrn Vorsitzenden, haben Tradition. Schon seit gut hundert Jahren heißen sie: „ ... und so lege ich hier als letzten Gruß unseres Vereins diesen Kranz nieder. Möge er ruhen in Frieden!“

Und genau da liegt der Hase im Pfeffer, beziehungsweise der Pferdefuß in der Grammatik. Wer möge da in Frieden ruhen? Nach den Regeln der grammatischen Kunst ist es der Kranz. Nein, der nicht, sagen Sie. Er wird ja in wenigen Tagen wieder weggeräumt. Ab in den Container, weil wir immer noch nicht genügend Abfall produzieren.

Als nächstes Substantiv, auf das sich das Fürwort „er“ beziehen könnte, kommt der Verein in Frage, der da in Frieden ruhen möge. Das tut er vielleicht auch. Aber er gibt das nicht zu. Und Sie sollten das auch nicht so offen sagen. Denn hin und wieder gibt es sogar noch Lebenszeichen von sich, wie zum Beispiel diesen letzten Gruß. Und genau der kommt jetzt an dritter Stelle in Frage: „ – und so lege ich hier als letzten Gruß...“ Also, der wird wohl nolens volens sein müssen.

Nein? Sie glauben, daß der Verstorbene gemeint ist? Aber der kommt doch erst an vierter Stelle der grammatikalischen Reihenfolge. Sie haben recht: Besser an vierter Stelle als gar nicht.

Statt „möge er ruhen in Frieden“ hört man auch häufig „möge ihm die Erde leicht sein!“ Ein Pfarrer soll einmal darauf geantwortet haben: „ – bsonders heut, wo s so loamig is!“

Sie finden sich jetzt als Vereinsvorsitzender „hinaufgeschossen“? Das sollten sie auch. Ich sagte ja, Vereinsvorstände haben es nicht leicht. Und schon gar nicht mit dem letzten Gruß.

Was hielten sie übrigens von einem ehrenden Gedenken über das Grab hinaus? Oder gar von einem Gebet? Ach, Entschuldigung. Wir sind ja nicht in der Kirche! Und außerdem, Sie als Vorsitzender. Was da die Leute sagen würden...!

Verehrte Trauergemeinde!

(Ansprache am Grab
eines langjährigen Kirchenchor-Mitglieds)

Wiederum hat es Gott dem Allmächtigen gefallen, in seinem unerforschlichen Ratschluß nun schon zum wiederholten Male ein Mitglied unserer Gemeinschaft in die Schar seiner Engel aufzunehmen.

Als die teure Verstorbene noch unter den Lebenden weilte, setzte sie sich besonders für den Volksgesang ein. Ja, man kann ohne Übertreibung sagen, daß sie als passives Mitglied eines der aktivsten war. Trotz ihres hohen Alters und ihres Witwenstandes wird sie sicher einmal dem Chor der Jungfrauen angehören, die Hosianna singend und mit Palmwedeln in den Händen ganz nahe am Throne Gottes stehen dürfen, wie es uns der heilige Bischof Ulrich von Augsburg, der große Ungarnbezwinger, in seinem Traktat so überaus anschaulich vor Augen geführt hat.

Verehrte Trauergemeinde!

Wir als ihre zurückgebliebenen Kolleginnen und Kollegen wünschen der allzu rasch Verblichenen zunächst einmal eine gute Reise ins Jenseits, – ohne längeren Zwischenaufenthalt. Möge ihr bis auf ein hoffentlich freudiges Wiedersehen die Erde leicht sein!

Liebes passives Mitglied unseres Chores! Als letzten Gruß singen dir nun deine Sangesschwestern und -brüder das Lied „Näher mein Gott zu Dir!“ Es wird vermutlich für lange Zeit unsere letzte Verbindung sein. Und als allerletzten Gruß legen wir am offenen Grab diese Blumenschale nieder. Möge sie ruhen in Frieden!

Den trauernden Angehörigen wünschen wir selbstverständlich unser tief empfundenes Beileid. Mögen sie sich stets an die Devise halten: Das Leben geht weiter.

ERNSTERE GEDICHTE

Wallfahrt: Wahlfahrt

Sechs Jahr is er scho nimmer mitganga,
der Burgermoaster bei der Wallfahrt
zum Heilign Bluat vo Niederachdorf.

Aber jetz sagst nix mehr: ganz vorn,
in der allererstn Reih marschiert er
und bet oa Rosnkranzgsetzerl ums andere.

– weil heuer wieder Kommunalwahlen san!

Glaubenszweifel

„ – am End haben mir
vielleicht doch net
ganz den richtigen Glaubn...“?

hat dersell Bauer
zum Pfarrer gsagt,
wia s beim Flurumgang

an dö Troadfelder
vom protestantischn Gutspächter
vorbeikemma sein.

Eine Osterpredigt

„Liebe Schwestern und Brüder in Christo!
Am Männerbeichttag habe ich nur gehört:
‚Wir sind unseren Frauen treu gewesen´.

Die Frauen dagegen haben gebeichtet,
daß sie mit den Ehemännern der anderen
geschlafen und sich versündigt haben.

Da habe ich nun ein Problem...!“

Abgesichert

Ans Armaturenbrett hab i
an heilign Christphorus hinpickt

und an d Ablage a Muattergottesbujdl,
da drauf a vierblättriges Kleeblatt;

am Rückspiagl hängt a gweichter Rosnkranz
und am Kühlergrill a sujberns Huafeisn.

Es müaßt doch mit m Teifi zuageh,
wenn dös net helfert...!

Wir – das Volk der Dichter und Denker

Büacher? Ja freili habn mir Büacher!
Was glaubn denn Sie! An Quelle-Katalog
zum Beispiel, und vom Neckermann müaßt
eigentli aa no oander umananderliegn....

Ja, und s Telefonbuch derfst net
vergessn, s Sparbüachl von der Oma,
s Kochbuach von der Tochter; – und s Foto-
Album schaugt aa scho fast aus wia a Buach.

Irgendwo müassert sogar no a Gotteslob
zum finden sei vom Buam seiner Erstkommunion!
Ja, was glaubn denn Sie! Af Büacher
habn mir scho allerweil was ghaltn."

Inflation

Frejers haben einfach zwoa gheirat.
Heut is die Institution Ehe eine
auf Dauer angelegte Interaktionsform
zweier heterosexueller Menschen.

D Lehrer redn von der Änderung von
Formulierungsstrategien bei transformatorischen
Textverarbeitungsprozessen und ihrer
Auswirkung auf das Verhalten von Rezipienten.

Was amol a guats Kranknhaus gwen is,
is heutzutags a Spezialklinik
mit vielseitigem Krankenmaterial
und hoher Operationsfrequenz.

Da wundert s mi fei net,
wenn allerweil mehrer in der Sprach
barfuaß laufen und dös gschraubte
Hochdeutsch nimmer mögn!

Kleiner Unterschied

„Bin i laut gnua
für da hintn im Eck?"
hat der
Vortragende gfragt.

„Laut gnua scho"
habn d Zuhörer gsagt,
„aber leider
nicht verständlich!"

Zwischen Stube und Stall

Neulich hab i
af am niederbayerischn Bauernhof
im Sünchinger Gäu
an n Michelangelo denka müassn:

Wia mir d Bäuerin an Hof zoagt hat,
hat s mir voller Stolz erklärt,
daß dö Marmorplattn in der Fletz
aus Carrara san.

Oberpfälzer Selbstbewußtsein

Mir in Rengschburg haben scho
bairisch dicht und gschriebn,

da is Minga no an Mauthäusl gwen,

irgendwo in der Mitt
zwischen Mittnwald und Minekin*....

* (regionale Bezeichnung des bereits um 768 in Niederaltaicher Klosterliteralien erwähnten Ortes Mintraching, 13 Kilometer südöstlich von Regensburg).

Gott Janus

Am Vormittag
hat er a Referat ghaltn,
bei der Tagung
des Bundes Naturschutz.

Alle habns klatscht,
so guat is er gwen,
der Vortrag über
die Umweltverschmutzung.

Am Nachmittag
hat er nachher sei Auto gwaschn,
eant am Weiher, hinterm Schilf,
wo ma net hisiehgt.

Wirtschaftshilfe

Niedrige Preise
haben dir die vielleicht
in der Tschechei...!

Mir nehma a jeds Mal
an Haafa Zeig mit uma,
Hartwürscht zum Beispiel...

Mir selber essn s ja net,
aber der Hund
mags recht gern!

Franziskus[1] 2000

Nachdem er sich lange genug
mit Kredithaien, Baulöwen
und Neidhammeln herumgeschlagen

und mit Schmutzfinken, Lackaffen,
Windhunden und Hornochsen
die Zeit verplempert hatte,

versuchte er, Kontakt aufzunehmen
zu Paradiesvögeln und Backfischen,
zu Skihaserln und Naschkatzen;

aber er traf nur auf Frechdachse,
Pechvögel, Unglücksraben,
Schluckspechte und Schnapsdrosseln.

1 Franz von Asissi (1181-1226) wird ein besonders inniges Verhältnis zu Tieren nachgesagt. Er gilt deshalb als Patron der Tierfreunde; sein Sterbetag (4. Oktober) wurde zum Welttierschutztag erklärt.

Pilgerschaft

Ein Pilger, hungrig, müd, verstaubt,
klopft an im Kloster der Kartäuser:
„Könnt ihr mir Herberg geben
auf meiner langen Wanderschaft?"

„Komm, Bruder, iß und trink
und ruh dich aus auf unserem Lager!
Der Herr hat dich hierhergeführt,
er wird auch weiter mit dir sein."

„Ich dank euch, fromme Väter,
doch sagt, habt ihr denn keine Truhen?"
Den Pilgrim wunderts, weil allzu kahl
und nackt ihm seine Zelle scheint.

„Hast du doch gleichfalls keine!"
entgegnen sie gelassen. „Ihr wißt",
sagt er, „ich bin auf einer Pilgerfahrt!"
„Wir auch", gibt einer ihm für alle Antwort.

Katholische Wallfahrt

Farbige Glasfenster
vergolden den Silberglanz
und tauchen das Gnadenbild
in übernatürliches Licht.

Gesungene Gebete dringen
dem Pilger ins harthörige Ohr;
auch gebetete Lieder
sind eine Predigt.

Ein herzhafter Kuß
auf die Zehen des Heiligen
und ein Streichen über den
seidenen Mantel Mariens,

dazu der weltentrückende
Duft körnigen Weihrauchs,
und von draußen herein dringt
der Geruch gebratener Würste...

Da schmeckt dann das Bier
und die saftige Haxe,
und zum guten Schluß noch
ein honig-würziger Zelten!

Anmerkung: Das Wort „katholisch“ bedeutet im Griechischen „alles umfassend“. Der Text versucht deshalb, die fünf Sinne ins Spiel zu bringen, die gerade in der katholischen Frömmigkeit angesprochen werden. Die Eindrücke werden aber immer weltlicher.

Legende

In einem alten Kodex
fanden zwei Mönche
den Hinweis,
daß es eine Tür gebe,
irgendwo, die führte
geradewegs von der Erde
zu Gottes Thron
im Himmel.

Und die beiden machten
sich auf die Wanderschaft
mit dem Ziel,
dieses Tor zu finden.

Nach langen Wegen
kamen sie endlich
müde und zerschlagen
vor eine große Tür;
sie war nur angelehnt,
und die beiden
öffneten sie
und gingen hindurch.

Aber da standen sie
zu ihrem Erstaunen
wieder in ihrer Zelle
im Kloster.

Hergnamlt

Frejers hat a Pfarrer,
der dö ledign Weiberleut
strafa hat woll´n,
eahrane Kinder recht
seltsame Namen gebn:

Eusebia und Thrasybul,
Cyriakus und Scholastika...
Dös is inzwischn okemma
und brauchts aa nimmer.

Heut strafan dafür
d Eltern eahrane Kinder
und nennen s Apollo,
Möve, Pumuckl, Samandu,
Souvenir und Pepsi-Carola.

Aber a Unterschied is s doch:
für dö erstn hat s wenigstns
no an Heilign gebn,
den s oruafa habn kinna!

Das Mooshamer Leiden

Richtig renoviern
hättn s di woll´n,
weilst eahna
nimmer gfalln hast;
sie habn an
Sandstrahler gnumma
und habn di
abgspritzt und abputzt.

„Jetz paßt endli wieder
zu uns“, habns gsagt,
wia s nachher
fertig gwen san,
„sauber und rund,
koa bisserl mehr eckig,
grad schö zum anschaun,
und vor allem pflegeleicht...!“

St. Nikola in Pfatter (1974)

Einstmals historische Stätte
wie keine im Umland:

Richtplatz vor Hunderten von Jahren
für Diebe, Räuber und Mörder;

Rastort für Knechte und Rösser
der Salzzüge die Donau hinauf und herunter,

Heiligtum des alten Patrons,
der Fergen und Schiffer,

kunstvolle Altäre, farbige Bilder,
inbrünstiges Beten und Hoffen.

Und heute? Morsches Gebälk,
bröckelndes Putzwerk und rissige Mauern,

Spinnweben im Antlitz der Engel,
Staub auf Säulen und Simsen.

Vögel nisten am Standort der Heiligen,
Würmer zerfressen das Holz ihrer Leiber.

Am Tor beteuert der eiserne Dämon
schuldbewußt seine Unschuld. Nur er?

Zwoaraloa Uhrn

Frejers habn d Uhrn
allerweil Zoager ghabt.
Da hat ma seghn könna,
daß d Zeit kimmt und geht,

wia s verrinnt, langsam und schnej,
je nachdem, um wos s ganga is,
bis s dann amoj abglaafa is gwen:
D Zeit hat ihre Grenzn ghabt!

Heut gibt s Digitaluhrn,
dene fejht dös Nachanander,
in dene verschwimmt oam d Zeit.
Wennst da drauf schaughst,

kannst net amoj sagn,
obsd no Zeit hast oder net.
Am bestn is s, du sagst glei,
du hast koane mehr.

Unser Doktor behaupt,
daß heutzutags scho Leut gibt,
dö zeitkrank san:
Chronopathologie nennat ma dös.

Da wird d Zeit schwammig,
da gibt's bloß no Augnblicke,
man sieht koan Zusammenhang mehr
und kennt koan Anfang und koa End.

Der Mensch

Von Gott geschaffen,
aber seit dem Verlust
des Paradieses
vom Tod gezeichnet.

Todsicher:

Sagt der Bua zum Vatern:
„Voda, ruck an Mercedes außer,
i muaß weg, schnell weg und weit!
I hab grad an der Tonnenpress
an Toudl gseghn. I muaß schaughn,
daß (i) eahm auskimm!“

Sagt der Vater zum Toud:
„Wia kimmst ma denn du vür?
Bringst an Buam ganz durchanand.
Warum hast n denn so kiwig angschaut?
Jetz is er Hals über Kopf
in Urlaub gfahrn!“

Sagt der Toud zum Vatern:
„Was hoaßt da kiwig angschaut?
I hab mi halt bloß gewundert,
daß i n da in der Firma triff,
wo i n doch heut an der Autobahn
zum abholn hab....“

Bosnisch/bayerische Epiphanie

Eine adventliche Lesung

Die Herren erschienen nicht selbst,
sie schickten ihre Soldaten.

„Zwei Weiße, drei Spezi, ein Pils...“

Und die kamen nicht miteinander
sondern nach- und gegeneinander.

„Leberkäs mit Ei? Leberkäs mit Ei!
Herrschaftsseitn,
wer kriagt denn jetzt den Leberkäs mit Ei?
-
Geh Herr Nachbar, san S so nett
und rucken s a weng!“

Die Männer hockten nicht auf Kamelen,
sie saßen in gepanzerten Fahrzeugen;

„´tschuldigung:
Der Wagen mit der Nummer R - H 2736
versperrt die Ausfahrt!“

Statt des Weihrauchs brachten sie
den Pulverdampf der Granaten,

und statt Myrrhe abzuliefern,
schossen sie ihre Kalaschnikows leer.

„Oma, Oma, wann kimmt denn jetz
endlich der Nikolaus?“

Sie verschütteten dem Kind die Milch
und vergewaltigen seine Mutter.

„Die Gebräunte Milzwurst ist aus!
Wer ist die Dame mit der Gebräunten
Milzwurst?“

Den Alten erschlugen sie auf offener Straße
und ließen ihn liegen.

„Der silberfarbene Mercedes R - H 3627
steht allerweil no vor der Garasch.
Bittschön, unbedingt wegfahrn!“

Ihre Auftraggeber hießen auch nicht
Kaspar, Melchior und Balthasar,

sondern Franjo Tudjman, Radovan
Karadzik und Slobodan Milosevic.

„Auf Wiederschaun! Gell und vergessen S
den Stammtisch net am nächsten Diens-
tag.“

ERINNERUNGEN

Das Ander-Lieserl

In unserer Familie war es ein altes Herkommen, daß man sich nach dem Mittag- und nach dem Abendessen auf den Stubenboden kniete und laut betete, am Mittag an die zehn, am Abend etwa 15 Minuten. Dazu gehörten der „Engel des Herrn", Gebete zum hl. Leonhard, zur hl. Barbara, für die verstorbene Verwandtschaft, für die Armen Seelen ... Fester Bestandteil dieses Rituals war, so weit ich zurückdenken kann, auch ein Vaterunser für das „Ander-Lieserl".

Ich weiß nicht mehr, wie alt ich war, als ich mitbekam, daß dieses „Ander-Lieserl" eine Schwester von mir war, die an einem kalten Februartag im offenen Brunnen vor dem Haus ertrunken ist, als sie nachsehen sollte, ob ich noch in der Stube in meinem Bettchen lag und schlief. (Ich war damals ein Jahr alt, meine Schwester etwas über drei.)

Anscheinend hatten sich nach diesem schrecklichen Unglücksfall unsere Eltern vorgenommen, jeden Tag für ihr Kind zu beten, daß es auch wirklich in den Himmel kommen möge. Wie wenig man damals von Psychologie verstand, zeigt die Meinung unserer Mutter, daß das mit dem Himmel nicht so selbstverständlich sei, da ja das Lieserl manchmal schon recht eigenwillig und bockig gewesen sei.

Vermutlich müssen dann unsere Eltern bei einer ihrer hin und wieder unternommenen Wallfahrten nach Altötting einmal an einen Kapuzinerpater geraten sein, der ihnen klarmachte, daß ein Kind in diesem Alter noch keine Sünde begangen haben konnte (und eine schwere schon gar nicht) und daß sie keinen Zweifel zu haben bräuchten, daß ihr Kind (soweit es natürlich getauft sei!) nicht im Himmel wäre.

Von da ab haben wir dann aufgehört, für das „Ander-Lieserl" zu beten. Ob es unsere Mutter auch im Innersten ihres Herzens getan hat, wage ich aber zu bezweifen.

Der Meier-Kramer

Die frühesten Erinnerungen meiner Kindheit kreisen unter anderem um einen nicht allzu großen, etwas dicklichen und deshalb gemütlichen Menschen, der jeden Dienstag auf unser kleines Anwesen kam und in seiner Kirm alle Herrlichkeiten dieser Welt versammelt hatte: eßbare Gummischlangen (mit einem „goldenen“ Fingerring im Maul), Zuckerpfeiferl, Taschenmesser, sogenannte Hauchbujdl, Minzenkugeln, Kokoswürfel... Dieser Mann, der so viel besaß, daß er es an andere verhausieren konnte, war der Meier-Kramer.

Kaum hatte er seine Kraxn in unserer Fletz abgestellt, sagte unsere Mutter zu unserem großen Leidwesen fast jedesmal: „Mir brauchn heut nix!“ Ich verstand das nicht recht, denn gebrauchen hätten wir das eigentlich alles können, was dieser liebenswerte Mensch mit sich herumtrug. Aber ich mußte erst noch ein bißchen älter werden, bis ich verstand, daß die Aussage der Mutter als Umschreibung für „Wir haben für diese Dinge leider kein Geld!“ zu sehen war. Aber schon allein der Blick in den Tragkorb des Meier-Kramers war wie eine vorweggenommene Schau in einen fernen Himmel und gehörte zu den Höhepunkten meines Kindseins.

Weil ich mit dem einzigen Buben der Meier-Kramerleute in die gleiche Klasse der Volksschule ging, kam ich auch hin und wieder in sein Elternhaus. Im angrenzenden Laden roch es wunderbar. Da schienen sich die angenehmsten Düfte dieser Erde – daß es auch andere gab, wußte ich von unserer Landwirtschaft! – ein Stelldichein zu geben. So stellte ich mir später die Gerüche eines orientalischen Bazars vor.

In dieser Umgebung sah ich auch den ersten Katalog meines Lebens (von der Firma Schickedanz aus Fürth, dem späteren Großversandhaus Quelle). Auch das war für mich ein Blick in eine andere Welt. Aber während ich bis zu diesem Zeitpunkt mit allem zufrieden gewesen war, was wir zu Hause besaßen (das war nicht viel, aber es hat zum Leben gereicht), begann ich jetzt allmählich unzufrieden zu werden: Da gab es offensichtlich Menschen, die sich mehr leisten konnten, obwohl sie sicher auch nicht fleißiger waren als meine Eltern. Mit einem Male taten sich in meinem bis dahin so geordneten Weltbild Spalten und Klüfte auf: ich begann, soziale Unterschiede zu ahnen.

Griffel

Um es gleich vorweg zu sagen: Ich gehöre noch jener Generation an, die das Schreiben mit einem zerbrechlichen Griffel auf einer leider ebenfalls zerbrechlichen Schiefertafel gelernt hat.

Zu diesem Material habe ich denn auch bis heute ein eher zwiespältiges Verhältnis. Zunächst einmal habe ich schon als Sechsjähriger gelernt, mit Griffeln die Welt zu chiffrieren und zu dechiffrieren, auch wenn mir damals weder das Wort noch die Bedeutung des Begriffs bekannt waren. Eine wunderbare Sache!

Dann aber war der Griffel in meiner Volksschulzeit auch ein Disziplinierungsmittel, und das machte ihn mir gleich wieder suspekt. Das Fräulein Stadlberger, unsere Unterstufenlehrerin, verlangte nämlich bei ihren Ausführungen das sogenannte Hand-auf-die-Bank-legen. Und damit wirklich keiner von uns der Versuchung erlag, sie von dort so mir nichts dir nichts wieder wegzunehmen, legte sie einem einen Griffel über beide Hände, und der mußte ruhig liegen bleiben, während sie ihren Stoff durchnahm.

Wir getrauten uns deswegen nicht einmal zu räuspern oder gar zu husten, auch Taschentuch konnten wir keines benützen, ganz abgesehen davon, daß die meisten von uns ohnehin keines gehabt hätten. Eine unsinnige Methode, denn mit ihr wurde – wie man sich denken kann – genau das Gegenteil erreicht! Wir fixierten die ganze Zeit den tückischen Griffel, ob er nicht doch – trotz strengsten Verbots – in seiner Unberechenbarkeit und Eigenwilligkeit versuchte, über die beiden Handrücken zu rollen. Und gerade weil er das nicht durfte, geschah es dann doch immer wieder einmal, daß er zu Boden fiel und zerbrach. Gleich zwei Unglücke auf einmal!

Durch das Geräusch aufmerksam geworden, konnte die Lehrerin jederzeit unschwer feststellen, wer da den Griffel hatte fallen lassen. Geschah das öfter, gab es etwas auf die „Griffel", aber damit waren diesmal – deutsches Sprak, schweres Sprak! – nicht die Schreibgriffel gemeint, sondern unsere Finger. Das freilich wäre dann wieder ein eigenes Kapitel.

Erinnerung an den Erstkommuniontag

Eine ungelöste Frage meiner Kindheit

An meinen Erstkommuniontag habe ich zwiespältige Erinnerungen. Im Religionsunterricht hatte uns der Herr Kooperator erzählt, daß er als Bub an diesem Gnadentag mit seiner Freude nicht mehr aus noch ein wußte und deshalb auf der Wiese einen Purzelbaum nach dem anderen schlug. Uns würde es, beteuerte er mit seiner ganzen Autorität, sicher genau so ergehen.

Ich selber wartete dann allerdings an meinem Erstkommuniontag vergeblich auf diese Purzelbaum-Stimmung. Sie wollte und wollte sich nicht einstellen. Vielleicht lags auch am Wetter, denn am Nachmittag, als wir zur Dankandacht in die etwas über eine Stunde entfernte Wallfahrtskirche marschierten, fing es zu regnen an. Aus mir heute nicht mehr erinnerlichen Gründen – es wird doch nicht am Ende ein mißlungener Start in die Purzelbaum-Euphorie gewesen sein? – rutschte ich oben am Bühel, wo das Sträßlein nach Hof abzweigt, auf dem aufgeweichten Weg aus und fiel samt der Kerze mit dem Festtagsgewand in den Dreck.

Mein Vater wuchs anscheinend an diesem Feiertag über sich selbst hinaus und ließ sich seinen Unmut über meine Ungeschicklichkeit nicht anmerken. Er ging mit mir zu den Forstbachl-Leuten, die mich mit der Wurzelbürste regelrecht abschrubbten, damit ich wenigstens wieder einigermaßen zu meinen Klassenkameraden paßte. (Nur gut, daß das obligatorische Erstkommunion-Gruppenfoto bereits am Vormittag gemacht worden war!)

Am nächsten Tag schien zwar wieder die Sonne, aber das oben geschilderte heitere Glücksgefühl hatte sich bei mir noch immer nicht eingestellt. Am Ende hatte ich gar unwürdig kommuniziert? Oder die hl. Kommunion brauchte bei mir einfach länger, bis sie wirkte. Als sich die Hochstimmung auch nach einer Woche noch nicht eingestellt hatte, wurde ich unsicher. Aber wen sollte ich fragen? Den Herrn Kooperator? Die Mutter? Den Vater?

Es blieb eine der ungelösten Fragen meiner Kindheit.

Wie ich ins Seminar kam

Ich kann mich nicht erinnern, daß wir als Kinder viel Spielzeug besessen hätten, – wenn man von dem absah, was Haus und Hof zu bieten hatten: Holzscheite, Gerten, abgebrochene Rechenstiele, Körbe, eine Leiter, oder noch besser: einen Leiterwagen, eine Unmenge Versteckmöglichkeiten – und natürlich uns selber.

Einmal, ich kann mich noch deutlich erinnern, wo es war, weniger freilich, wann es war – aber ich muß schon in die Schule gegangen sein -, einmal also hob während eines Spiels eines der Mädchen unseres kinderreichen Nachbarn (aus welchen Gründen auch immer) seinen Rock so weit in die Höhe, daß es dastand wie Eva im Paradies. Während andere Kinder meines Alters den Anblick vielleicht mit prustendem Lachen begleitet oder möglicherweise auch schon mit stillem Behagen genossen hätten, ging ich, eingedenk einschlägiger Gebote aus dem Religionsunterricht, schnurstracks auf das Mädchen zu und zog ihm den Rock wieder über die Knie herunter.

Unsere Mutter muß diesen Vorgang vom Fenster aus beobachtet haben, denn damals scheinen meine Eltern den endgültigen Beschluß gefaßt zu haben, daß ich Pfarrer werden sollte. Ich selber wurde – auch das war damals das Übliche – nicht gefragt.

Und so sollte ich also meine Volksschule im Bayerischen Wald mit dem Straubinger Gymnasium vertauschen, das damals gerade zu einer Deutschen Oberschule umfunktioniert worden war.

Meiner Erinnerung nach hatten wir daheim noch nie einen deutschen Aufsatz geschrieben. Damit ich nun bei der Aufnahmeprüfung in Straubing nicht aus allen Wolken fiel, gab mir der Herr Pfarrer den Auftrag – wie sinnvoll! -, ein solches Textgebilde zu verfassen, das dann der Herr Kooperator korrigieren würde. Da dieser Kaplan kein Geringerer war als der nachmalige Professor für Philosophie an der Universität Regensburg (DDr. Joseph Schmucker), kann ich mit Fug und Recht behaupten, daß ich bereits als Elfjähriger einem anerkannten Kant-Spezialisten eine literarische Arbeit vorlegte. Ihr Titel hieß sinnigerweise „Der Frühling“. (Das Schuljahr begann damals noch an Ostern!) Ich gäbe etwas darum, könnte ich dieses Elaborat heute noch einmal lesen.

Für die erwähnte Aufnahmeprüfung vertrauten mich meine Eltern einem Kleiderhändler an, dessen Sohn ebenfalls auf das Gymnasium gehen sollte. An Einzelheiten kann ich mich freilich nicht mehr erinnern. Nur, daß ich nachmittags noch einmal vor der Prüfungskommission antreten mußte, der Mathematik wegen, die mir auch später noch gelegentlich zu schaffen machte.

Wie man uns den Vater heimgebracht hat

Ein anderes Ereignis meiner Kindheit kam wie der sprichwörtliche Blitz aus heiterem Himmel:

Der Vater hatte an diesem Tag eine unserer zwei Kühe zum Penzbauern-Stier gebracht, die Mutter verrichtete gerade die Stallarbeit, und ich war in der Fletz mit dem „Mill-Owatreibn" beschäftigt, das heißt, ich trennte mit Hilfe einer mit der Hand zu drehenden Zentrifuge den Rahm von der Magermilch, eine etwas eintönige Arbeit, die jeden Abend eine gute Viertelstunde in Anspruch nahm, aber schon von Kindern erledigt werden konnte.

Da rumpelte auf einmal ein Pferdefuhrwerk in unseren kleinen Hof. Nur allzu gern hätte ich gesehen, was da los war, aber ich durfte die Zentrifuge nicht zum Stillstand kommen lassen.

Während ich noch hin und her überlegte, ob es nicht doch eine Möglichkeit gäbe, nach draußen zu sehen, stieß unsere Mutter schon einen schrillen Schrei aus, der mit meine Entscheidung abnahm. Ich stürzte ins Freie und kam gerade dazu, wie der Penzbauer und einer seiner Knechte meinen Vater vom Wagen hoben und in das Haus trugen. Der Vater sah etwas angeschlagen aus, ächzte wohl ein wenig, konnte (oder wollte) auch nicht reden.

Wäre unser Vater ein Wirtshausgeher gewesen, hätte man denken können, er hätte einen gewaltig über den Durst getrunken und wäre seiner Füße nicht mehr mächtig gewesen. Aber davon konnte überhaupt keine Rede sein. Das war so unmöglich wie Weihnachten im Hochsommer, denn unser Vater ging das ganze Jahr nicht ins Wirtshaus, höchstens einmal zum sogenannten Alten Bier nach Einfürst, und das auch bloß der Nachbarschaft wegen.

Was aber war wirklich geschehen?

Unserer Kuh war wohl der Penzbauern-Stier nicht ganz geheuer gewesen, sie hatte sich losgerissen, war quer über den Hof und geradewegs durch die Hausfletz in die Küche gelaufen, wo sie sich erst recht nicht mehr ausgekannt hatte.

Der Stier aber – in seiner „Mannesehre" stark angeschlagen – hatte sich daraufhin wie toll gebärdet. Unser Vater und wohl auch andere hatten versucht, ihn wieder zur Räson zu bringen, und dabei hatte der Stier unseren Vater so vehement gegen die gemauerte Scheunenwand gestoßen, daß dieser in dem ungleichen Kampf den kürzeren zog, auf der Stelle zusammensackte und liegenblieb.

Nach damaligem Erste-Hilfe-Verständnis lud man den Verletzten auf den nächstbesten Wagen und brachte ihn auf dem kürzesten Weg nach Hause. Wohin auch sonst? Man trug den Vater in die Kammer. Als seine Schmerzen schlimmer wurden, holte die Mutter den Doktor, der einige Rippenbrüche und Quetschungen diagnostizierte und ihm einen komplizierten Verband anlegte.

Zwei Wochen später war aber der Vater schon wieder auf den Beinen.

Interkendtn

Wer noch – wie der Schreiber dieser Zeilen – ohne Zentralheizung und ohne Ölofen aufgewachsen ist, der weiß, daß früher jeden Tag in der Frühe erst der Ofen eingeheizt werden mußte, bevor man darangehen konnte, sein Tagwerk in Angriff zu nehmen. Damit aber die aus der Holzkiste unter dem Herd geholten Scheite überhaupt anbrannten, wurde ihnen etwas Reisig untergeschoben und darunter wieder Papier oder Hobelspäne, sogenannte Schojtn (vom griech. schizein = spalten, trennen), die sich leichter entzünden ließen. Diesen Vorgang nannte man „interkendtn".

Sprachforscher leiten den Begriff vom lateinischen incendere (= anzünden) ab, er ist damit einer von einigen Dutzend lateinischen Lehnwörtern im bairischen Dialekt, darunter so interessanten wie Banzn, Bapp, Dult, Mesner, Praterer, Rufern und Strixn.

„Nehmts denn ös zum Interkendtn koa Strouh her?" hat vor über fünfzig Jahren einmal ein Mädchen unseres kinderreichen Nachbarn meine Schwester gefragt. Auf deren Einwand, daß es doch etwas aufwendig wäre, jedesmal in den Stadel zu gehen und einen Schaub Stroh zu holen, meinte das Nachbarskind treuherzig, sie gingen immer bloß in die Kammer und holten das notwendige Stroh aus einem der Strohsäcke in den Betten.

Oa Oar

Mei, wos is heut scho a Oar!
Aber frejers...!
Den ganzn Tag hab i
im Summa arbertn müassn,

nachher hat d Muatter
af d Nacht vielleicht gsagt:
„Derfst dir a Oar eischlagn,
weilst so fleißig gwen bist!“

Af der Stell hab i mir
s kloane Pfandl gholt,
hab im Kastn draußt
an Löffi Schmojz owagstocha,

hab n ins Pfandl ei
und hab s eighängt in Ofa,
hab nachher s Oar eigschlagn,
a weng a Salz dazuato,

hab s langsam umdraht
und hab s gar nimmer
derwartn könna ...
Mei, is dös ebbs Guats gwen!

Recycling 1946

„Du hängst im Klo!" flüsterte mir ein Mitschüler während der Latein-Stunde hinter vorgehaltener Hand zu. Der Professor war gerade damit beschäftigt, uns unwissenden Proleten zu erklären, daß die Negation des Imperativs „noli me tangere!" eigentlich „ne me tetigeris!" heißen müßte.

Ich kapierte überhaupt nichts. Weder, was der Lehrer meinte, noch was mir mein Banknachbar sagen wollte.

„Draußen – deine Aufnahmeprüfung – dritte Kabine..."

Ich verstand auch jetzt nur Bahnhof und zuckte verständnislos mit den Achseln.

„Mann, deine Aufnahmeprüfung hängt auf dem Lokus...!"

Allmählich dämmerte es mir. Ich setzte eine leidende Miene auf und mußte mal.

„Dritte Kabine", hatte er gesagt. Tatsächlich! An einem primitiven Drahthaken hing ein Packen DIN-A-5-Blätter. Holzhaltig, frühere Kriegsware. Ich blätterte daran herum. Richtig, eines der Papiere trug meinen Namen und meine Handschrift. Sütterlinbuchstaben. Wie sie noch vor kurzem in Großdeutschland üblich gewesen waren.

Gleich die erste Zeile war bemerkenswert:

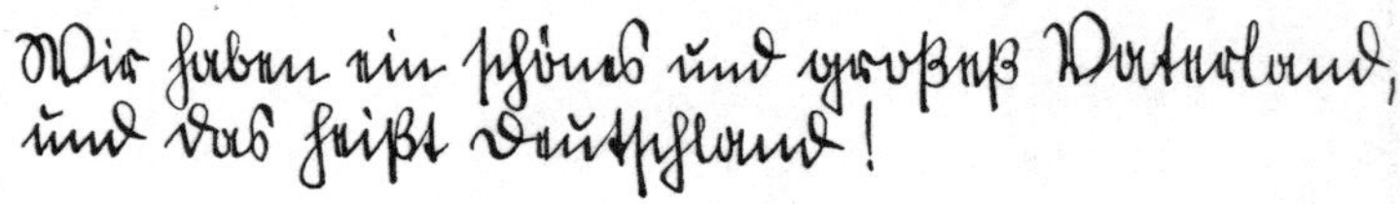

Wir haben ein schönes und großeß Vaterland, und das heißt Deutschland!

Als kleiner verängstigter Bursche war ich an dem Tag, an dem ich dies geschrieben hatte, einem Kleiderhändler mitgegeben worden, der mich am Vormittag an der Schule für die Aufnahmeprüfung abgeliefert und am Nachmittag wieder abgeholt hatte. Wie einen Ballen Stoff. Und weil das alles so beeindruckend für mich gewesen war und weil vom großen Deutschland die Rede war, von dem uns schon der Lehrer in der Volksschule so viel erzählt hatte, hatte ich – wie ich jetzt schwarz auf weiß nachlesen konnte – „großeß" gleich zweimal mit ß geschrieben. Und jetzt hing das große Vaterland am Drahthaken im Klo und wurde am Schluß nicht mehr mit einem scharfen, sondern nur mehr mit einem gewöhnlichen s geschrieben. Wenn das kein symbolträchtiges Zeichen war...!

„Sic transit gloria mundi (So vergeht der Glanz der Welt!") sagte unser Latein-Professor bisweilen. Dieser Satz war auch leichter zu verstehen als „ne me tetigeris!"

300 Punkte

Als ich zur Schule ging, hatten die Lehrer noch eine solche Menge Arbeit mit den Zeugnissen, daß man uns in der Volksschule diese ominösen Papiere gar nicht erst ausstellte. Wozu auch?

Wie einfach ist es dagegen heute: Die Lehrer wählen aus einer Liste mit 60, 70 Bemerkungen die Kennziffernkombinationen 5, 17, 9 oder 25, 3, 12, oder 42, 27, 14 und tippen nur noch die Noten ein. Alles andere erledigt der mittlerweile auch in Schulrektoraten installierte Computer.

In meiner Pennal-Zeit mußten die Lehrer sogar die heute längst vorgedruckten „Köpfe" der Zeugnisse (Schulart, Schulort) noch selber schreiben. Nur der Hierl-Geist, unser Klassenleiter, mußte das nicht: er delegierte die Arbeit. Aber nicht an die Schulsekretärin, nein, an uns! Wir durften – „aber wehe, ihr verschreibt euch!" – die individuellen Angaben selber einsetzen.

So weit, so gut, – wenn der Hierl-Geist nicht die fixe Idee gehabt hätte, nach OBERSCHULE STRAUBING zum Beispiel müsse ein Punkt stehen. Ebenso nach ZEUGNIS FÜR N.N. und in analogen anderen Fällen auch. Wer diesen Punkt vergaß, oder wem – wie mir – sein frühreifes orthographisches Gewissen ihn zu setzen nicht gestattete, der bekam die obligatorisch-stereotype Strafaufgabe: „Schreibst 300 Punkte!"

Einige schlaue Leute aus unserer Klasse kamen damals auf die geradezu revolutionäre Idee, überall, wo es nur gerade möglich schien, einen Punkt anzubringen. Aber auch diese geniale Erleuchtung mißfiel dem „Geist". Ein einziger Satz machte die vorschnell aufgebauten Hoffnungen zunichte: „Schreibst 300 Punkte und radierst sie aus!"

Nicht, daß sich nun der geneigte Leser der irrigen Meinung hingebe, es hätte in diesem Falle genügt, ein leeres Blatt abzugeben, da ein ausradierter Punkt eben nicht mehr vorhanden sei. Nein, mit solchen logischen Finessen war dem „Geist" nicht beizukommen! Akribisch genau suchte er mit der Lupe nach dem 1/10 mm feinen Eindrücken im Papier, die ehemals einem herumirrenden Punkt Unterschlupf gewährt hatten.

Da diese Arbeit des Punktevertilgens verständlicherweise noch schwieriger war als die, Hunderte von Punkten zu schreiben – wir hatten dafür übrigens ein interessantes Schnellverfahren entwickelt -, so blieben wir (und auch der Hierl-Geist) wieder bei der altbewährten Methode: Für jeden monierten Punkt: „Schreibst 300 Punkte!"

(Hoffentlich habe ich jetzt keinen vergessen oder am Ende gar einen zuviel gemacht. Ich hätte nämlich im Augenblick kein Tipp-Ex zur Hand).

Auch ich war ein Jünger Thalias!

In den Rezensionen meiner Autorenlesungen wird mir gelegentlich schauspielerisches Talent unterstellt. Das wundert mich nicht sonderlich. Denn schon als Elf- oder Zwölfjähriger hatte ich nicht unbedeutende Aufgaben bei den obligatorischen Schultheateraufführungen zu erfüllen.

Mein Debut gab ich bei einem Hiob-Stück, von dem ich leider den Verfasser nicht mehr weiß. Ich hatte eine Doppelrolle übertragen bekommen und war zugleich das Gewitter und der Sturmwind, die Hiobs ganzen Besitz vernichteten. Das bedeutete, daß ich hinter der Bühne nach Herzenslust mit Wellblech hantieren und in raschem Stakkato Holzprügel und Zaunlatten der unterschiedlichsten Stärke – als „Waldler" für diese Aufgabe geradezu prädestiniert – übers Knie brechen durfte. Ich erledigte meinen Part mit solcher Hingabe und Leidenschaft, daß ich noch mindestens zwei Wochen nach den Aufführungen geschwollene Hände und Beinpartien vorweisen konnte.

Eine ungleich ehrenvollere (und im wahrsten Sinne des Wortes angesehenere) Aufgabe hatte man mir bei einer Aufführung des Überlinger Münsterspiels von Alois Johannes Lippl übertragen. Es war ein Freilichttheater vor der Straubinger Stiftskirche St. Jakob, und ich hatte das ehrenvolle Amt eines Ordners und Platzanweisers inne. Mit entsprechender Armbinde versteht sich! Es war eine großartige Sache, und ich kam meiner Aufgabe sehr gewissenhaft nach. Niemand konnte die Aufführung ohne Eintrittskarte sehen, Anwohner ausgenommen, die zu meinem Leidwesen aus den oberen Stockwerken das Spiel wunderbar verfolgen konnten, ohne auch nur eine einzige Mark Eintritt bezahlt zu haben.

Wir mußten das Stück mehrmals wiederholen. Ich habe heute noch den leisen Verdacht, daß manche Zuschauer zwei- oder gar dreimal hingingen, nur weil sie sehen wollten, ob nun Johannes (natürlich auch ein Seminarist und heute wohlbestallter Stadtpfarrer im Niederbayerischen) seiner Verlobten den in der Regieanweisung vorgesehenen Kuß endlich gab oder nicht. Sie warteten vergeblich. Er tats nicht. Obwohl das Mädchen hübsch und vor allem echt war, was damals für Theateraufführungen des Bischöflichen Knabenseminars (aus begreiflichen Gründen) eine unerhörte Neuerung – um nicht zu sagen eine Sensation – darstellte, die vermutlich auf das Konto unseres neuen Spirituals Udo Boob SJ aus dem Rheinland ging, der noch mehrere solcher ketzerischen Ansichten vertrat, wie man sie den Jesuiten ohnedies gerne nachsagte.

Leider kühlte später mein Verhältnis zur einschlägigen Muse (war es nun Thalia oder Melpomene?) merklich ab, und schließlich verloren wir uns ganz aus den Augen. Schade.

Meine erste Begegnung mit der Volksmusik

Meine Liebe zur Volksmusik hat einen Geburtsort und ein Geburtsdatum. Um mit dem letzteren zu beginnen: Im Februar 1948 hatte ich als Student der Phil.Theol. Hochschule Regensburg meine ersten Semesterferien. Unser Biologie-Professor Dr. Andersen aus Freising, dort im Vorstand des Deutschen Alpenvereins, hatte uns zu einer Ski-Freizeit auf die unbewirtschaftete Freisinger Hütte in den Tegernseer Bergen eingeladen. Ich war als ski-begeisterter Waldler sofort mit von der Partie, nannte ich doch seit einiger Zeit ein Paar ausgemusterter Skier aus Beständen der ehemaligen deutschen Wehrmacht mein eigen, die der Vater (wohl im Tausch gegen Naturalien) für mich erworben hatte.

Mit einem amerikanischen Militärlastwagen – weiß der liebe Gott, wer den besorgt hatte! – fuhren wir ins Tegernseer Tal, ungefähr dorthin, wo jetzt die Talstation der Wallbergbahn steht. Dann hieß es mit schwerem Rucksack und den Brettern zur Hütte am Setzberg aufzusteigen, denn besagte Bahn befand sich damals erst im Planungsstadium.

Daß unsere Hütte nicht bewirtschaftet war, sagte ich schon. Aber sie hatte einen Hüttenwirt. Und was für einen! Der „Blocki", wie er genannt wurde – erst später erfuhr ich, daß er tatsächlich Blockinger hieß -, wurde für mich zum Inbegriff des „Alpensohnes". Seine von Wind und Wetter gegerbte Haut, seine Genügsamkeit, seine Wortkargheit, seine rauhe Schale, hinter der sich aber doch ein weiches Gemüt verbarg, das alles übte seinerzeit einen besonderen Eindruck auf mich unbedarften „tumben toren" aus.

Aber nun zum eigentlichen Thema! Wenn wir am Abend rechtschaffen müde von unseren Touren zum Wallberg, zum Riedereck, zum Risserkogel oder zur Firstalm zurückgekommen waren und unsere einfache Mahlzeit eingenommen hatten, setzten wir uns an den breiten Ahorntisch, der Blocki holte seine Zither hervor, und dann spielte und sang er sein ganzes Repertoire durch, von „Jetzt kimmt die schöne Fruahjahrszeit"

bis zum „Kasermandl“, das auf der Umbrügger Alm hinter einem Eisenpfandl saß.

Alle diese Lieder hörte ich zum ersten Mal in meinem Leben. Man muß nämlich wissen, daß ich meine Eltern nicht ein einziges Mal hatte ein Lied singen hören und daß wir damals zu Hause noch keinen elektrischen Strom und damit auch kein Radio hatten (Batterien wären zu teuer gekommen). So mußte ich also 19 Jahre alt werden, bis ich merkte, daß es außer den obligatorischen Kirchenliedern im „Lob Gottes“ und den gregorianischen Gesängen meiner Seminarzeit auch noch andere einfache Lieder gab, in denen die Natur besungen wurde oder leibhaftige Liebespaare auf den Plan traten, ohne daß ich jedoch die versteckten erotischen Anspielungen erkannt hätte, die sich hinter manchen bildhaften Sequenzen verbargen.

Mag sein, daß ich damals auch für Kitsch empfänglicher war als heute und ich dem ganzen etwas unkritisch gegenüberstand, aber einen tiefen Eindruck hat sie mir schon gemacht, diese alpenländische Volksmusik. (In jenen Tagen hörte ich auch den Namen des Kiem Pauli zum ersten Mal.)

Heute weiß ich natürlich, daß auch der Bayerische Wald und die steinige Oberpfalz ihre (etwas herberen) Lieder haben, und daß diese echte Volksmusik hundertmal wertvoller ist als das

Ohrenschmalz, das uns das Fernsehen mit seiner Vorliebe für Etikettenschwindel mit einer Hartnäckigkeit sondergleichen als Volksmusik zu verkaufen versucht.

Als Aushilfslehrer im Jura

Mitte der fünfziger Jahre war ich außerplanmäßiger Lehrer auf dem (in die Stadt Regensburg eingemeindeten) Keilberg. Die dortige Schule wurde mit Koks beheizt, das ist für die Entwicklung dieser Geschichte nicht unwichtig. Denn aus mir heute nicht mehr bekannten Gründen trat in der damals noch jungen Bundesrepublik ein Engpaß in der Versorgung mit Koks ein. Alle Stadtschulen, die mit diesem Brennstoff heizten, wurden für drei, vier Wochen geschlossen. Das heißt nicht ganz. Die Lehrer fuhren in der Frühe mit dicken Mänteln hin, die Kinder kamen wie gewöhnlich, ebenfalls mehr oder weniger bis zur Unkenntlichkeit vermummt, alte Hausaufgaben wurden angesehen, neue aufgegeben, alles in eiskalten Schulhäusern!

Da nun just zu diesem Zeitpunkt auf der Jura-Hochfläche über Kallmünz der Lehrer der einklassigen Volksschule Dinau krank geworden war und die Schulabteilung der Regierung offensichtlich keinen anderen Lehrer als Aushilfe zur Verfügung hatte, wurde ich zu Beginn dieser „Koksferien" durch eine Postkarte, die ich am Mittag im Briefkasten vorfand, für die Dauer dieses doppelten Notstands nach Dinau abgeordnet.

Ich suchte mir auf der Landkarte meinen neuen Dienstort, packte ein paar notwendige Utensilien in meinen abgewetzten Pappkoffer und fuhr am Abend mit dem Burglengenfelder Postauto nach Kallmünz. Schon am Nachmittag hatte es zu schneien begonnen, und als ich in Kallmünz aus dem Bus stieg, stand ich im dichtesten Schneetreiben. Ich erkundigte mich nach dem Weg nach Dinau und begann dann auf der alten Straße den Berg hinaufzustapfen, von Viertelstunde zu Viertelstunde einem Schneemann ähnlicher werdend.

Im kleinen Jura-Dörfchen angekommen, suchte ich das Schulhaus, in dem zu ebener Erde die Lehrerwohnung untergebracht war. Als ich die bescheidene Wohnküche betrat, muß ich den Lehrerkindern als ein vom Weg abgekommener verspäteter Nikolaus erschienen sein, so entgeistert sahen sie mich an. Ihr Vater lag – wie Spitzwegs Armer Poet – auf dem Sofa, eingehüllt in eine dicke Decke, und war über meine Ankunft fast noch mehr erstaunt als seine Kinder.

„Herr Kollege“, hüstelte er, „morgen werden Sie aber noch keinen Unterricht halten können ... ; die Schulkinder, die wissen es noch nicht ...“

Am nächsten Tag schickte dann der Bürgermeister erst einmal den Gemeindediener los, der „einsagen“ mußte, daß wieder ein Lehrer da war und demnach Schule gehalten werden konnte.

Nun, der freie Tag kam mir recht zustatten, denn ich mußte mich nach Kost und Logis umsehen. Es gab zwar ein Wirtshaus im Ort, aber „ausgekocht“ wurde dort nicht, und ein Zimmer für den Lehrer war auch nicht zu haben. Weil ich also auf der Straße stand – wie weiland mein heiliger Namenspatron in Bethlehem – und (wie er) nicht aus noch ein wußte, erbarmte sich schließlich – im Gegensatz zu jener Zeit – der Bürgermeister und nahm mich bei sich auf.

Die derbe bäuerliche Kost wäre mir freilich, der ich mich damals zu Mittag meist nur von Bratheringen aus dem Tante-Emma-Laden ernährte, beinahe zu fett gewesen. Das Bett, das man mir zur Verfügung stellte, stand auf dem „Boden“ (Speicher) unmittelbar unter den Dachsparren und -ziegeln, und man brauchte schon die gute Konstitution eines Waldlers, um den Minus-Temperaturen ohne Erkältung trotzen zu können. In der Frühe war nämlich jedesmal die Bettdecke von einer Reifschicht überzogen, und das Waschwasser war regelrecht eingefroren. Aber das warme Frühstück der Bürgermeisterin brachte mich dann schon wieder auf die Beine, und heute zähle ich diese vier Wochen im Jura zu den schönsten Tagen meines Lehrerlebens.

Betrachtungen eines Siebzigers

Sie, hoffentlich geht's Eahna amol net aa a so, wia mir an meim Siebzigstn!

Zu einem solchen Geburtstag kriagt ma natürlich jede Menge Post und die unterschiedlichsten Gschenker. Dös derf ma ja schließlich aa erwartn. Sieberzg Jahr san nämli koa Kleinigkeit. Dö lassn si scho owareissn!

Aber daß i wieder zruckkimm zu meine Gschenker: Unser Nachbar zum Beispiel hat mir a Großdruck-Ausgabe von „Der alte Mann und das Meer" bracht, von a so am Amerikaner, Heimweh hoaßt der, oder so ähnlich.

Meine Egerländer Freund habn mir scho in aller Herrgottsfrüah a Standerl gsunga: „s ist Feieromd ..." und nachher no dös Couplet „In 50 Jahren ist alles vorbei!"

D Volkshochschul hat mir a persönliche Einladung gschickt für den Vortrag „Vergreisung im Alter – so weit muß es nicht kommen!"

Der Seniorenclub vo meiner Partei – woaßt es scho, welche! – hat mir gschriebn, daß s jetz allerhöchste Zeit waar, daß i zu eahna dazuagang, für den Fall, daß i amol ein „Wort am Grabe" vo eahna hörn und an Kranz kriagn wollt.

A Klosterschwester aus meiner Heimatpfarrei hat mir a kloans Gebetbüachi und a handgschriebne Spruchkartn gschickt: „Im Alter kommt der Psalter! (Volksmund). A verflossne Jugendliebe dagegn hat mir glei a ganz Gedicht gewidmet:

Der Herbst des Landes
ist nun ins Land gezogen,
du aber schaust vergebens
nach solchen, die dir noch gewogen.

No ja, hab i mir denkt, recht hast ja!

Im Briaf vo ei´m Kollegn is dafür der trostvolle Satz gstandn: „Wenigstens dös kann Dir jetz nimmer passiern, daß d mit 69 stirbst, wia mei Vater!"

Meine Stammtischfreund hätt i allerdings für a bisserl phantasievoller ghaltn. Sie haben mir Gutscheine für siebn (!) Seniorenteller in meiner Stammkneipn gschenkt und a Kino-Kartn für den Psycho-Krimi „War Opa der Mörder?"

Mei Apotheker hat mir zu einer Flaschn Huastnsaft no an Prospekt dazupackt, auf dem a 115jahriger bulgarischer Bauer – vielleicht is s aa a georgischer Schafhirt aus m Kaukasus – sei biblisches Alter auf den regelmäßigen Verzehr vo Knoblauch zruckführt.

Oaner, der mir an Briaf ohne Absender gschickt hat, anonym also, hat si an ziemlich makabren Scherz erlaubt: „Hallo, Kalkleisten-Grufti", hat er gschriebn, „ich geb Dir einen guten Rat: Kauf Dir einen Kranz, stell Dich auf den Friedhof und warte, bis Du in die Grube fällst, Du überreifer Senilo-Komposti!"

Sie, so was geht natürlich an die Niern, dös derfan S mir glaubn! Deswegn war dös für mi a echte Aufmunterung, daß mir oaner (oder oane?) an a Flaschn exzellenter Spätlese a Papperl hinpickt hat. Af da oaner Seitn is gstandn: „Rotwein ist für alte Knaben eine von den besten Gaben", und auf der andern: „Liaber a echter Siebziger als zwoa falsche Fuchzger!"

Recht hast, hab i mir denkt und hab die ganze Flaschn an oam Abend zsammtrunka. Und no a zwoate dazua. Af der is nämli gstandn: „Bis heut bist a ojder Sechzger gewen, und jetzt bist a junger Siebziger!"

RUNDFUNKMANUSKRIPTE

„Hau a Pris her...!“

Der Schmai – das bayerische Kokain

Ein ekelhaftes widerliches Gemenge

„Eine Haupt- und allgemein verbreitete, vorherrschende Gewohnheit, freilich nicht empfehlender Art, ist das Schnupfen und zwar von Brasiltabak. Dieser ekelhafte Genuß – frühzeitig schon beim reiferen Knaben bereits häufig zum Bedürfniß geworden – begleitet denselben bis ins Greisenalter, bis zum Grabe“, bemerkte im September 1860 der Mitterfelser Gerichtsarzt in seinem von der Obrigkeit einverlangten Physikatsbericht und charakterisierte den Stein des Anstoßes mit den Worten: „ Ein ekelhaftes, nach Aussehen und Geruch widerliches Gemenge von sogenanntem schwarzen Brasiltabak mit Schmalz, Kalk, oft Glasstaub usw. dient zur beständigen Anfüllung und Anstopfung der Nasenhöhlen in der Art, daß die Nase und Oberlippe nicht nur beständig mit ekelhafter Vorlage dieses Stoffes versehen, sondern die Nase selbst bis zur Verhinderung des Athmens und der Sprache angefüllt ist.“

„Das Tabakglas“, schrieb Dr. Albrecht weiter, „ist dem Waldler, was den Indianischen Rothäuten ihre Friedenspfeife; kein Gruß, kein Abschied wird gegeben, kein Gespräch angeknüpft, kein Geschäft eingegangen, nicht aufgestanden, nicht niedergelegen wird ohne das Brasilglas...“

Dieses Laster, gegen das der aufgeklärte Medizinmann so vehement zu Felde zog, war um diese Zeit schon über 150 Jahre alt und soll angeblich von den Waldlern erfunden (oder wahrscheinlicher: übernommen) worden sein, weil sie bei ihrer Wald- und Sägewerksarbeit (wegen der Brandgefahr) nicht rauchen durften. Und seit dieser Zeit gehört der „Schmai“ zum Waldler wie die Weißwurst zu München, wie August Sieghart 1959 in seinem Buch über den Bayerischen Wald bemerkte.

Tatsächlich gehört es auch zu meinen frühesten Erinnerungen, daß während des Sonntagsgottesdienstes auf der „Mannerseite“ das „Glasl“ durch die Kirchenbänke gegeben wurde, bis sich jedes gestandene Mannsbild eine Prise daraus genommen hatte. Ja, der Pfarrer Solleder, der gelegentlich zur Aushilfe kam, stellte sich seine Tabakdose sogar neben den Meßkelch auf den Altar und genehmigte sich mehrmals während der von ihm zelebrierten Messe ein „Schnüpfi“.

Schnupfen gehört heute noch (oder wieder?) zu den stillen Leidenschaften zahlreicher waldlerischer Landsleute:

„Den Schnupftabek, den Schnupftabak,
ja den vertrag i alle Tag...
Drum han i aa an ganzn Tag
mei Glasl drin im Sack.

Von seiner Herkunft und Zubereitung

Das Rohmaterial für dieses waldlerische Lebenselixier kommt in speckigen gebeizten Strangrollen („Würsten“) aus Südamerika, vornehmlich Brasilien. Der nach einer Lagerzeit von vier bis sieben Jahren ausgereifte Tabak wird gestoßen, zerrieben, gemahlen und mit verschiedenen Soßen fermentiert. Zum Schluß wird dieses Produkt noch mit Butter- oder Rinderschmalz „geschmälzt“, damit es nicht in der Nase kratzt, eine gewisse Feuchte behält und geschmeidig bleibt, – daher sein Name: Schmalzler (waldlerisch: Schmai).

Früher wurde dieses „Nasenfutter“ von den Schnupfern in einer beinahe kultischen Handlung mit einem meist aus einem Wacholderstrunk gefertigten „Stößl“ selber „gerieben“. Der „Reiber“ saß rittlings auf seinem hölzernen „Reibstuhl“ und zerrieb in einer großen Schüssel, dem „Scherbn“, den gepreßten und fermentierten Blättertabak zu einem bräunlichen Pulver, dem erst verschiedene Zutaten seine besondere individuelle Würze gaben: Kalk, Buchenasche, Zwetschgen, Majoran, Rosenöl, Honig, Zucker, sogar Glassplitter. Viele Schnupfer schworen auf ihr spezielles Geheimrezept. Manche Händler sollen den Schmai sogar mit gedörrtem Kuhmist gestreckt haben, um ihn rasser zu machen. Der „Tuwak“ wurde dann in getrocknete Schweinsblasen abgefüllt, aus denen man je nach Bedarf die kleinen Schnupftabakdosen und -gläser auffüllte. Und dieser Bedarf war gewaltig! August Sieghardt kannte zwei Holzhauer mit Namen, die in ihrem Leben schon über eine Tonne Schmai durch ihre Nasen geschickt hatten. Es soll aber auch Waldler gegeben haben, die allein 15 Zentner verschnupften.

„Bevor sich der Waldler des Morgens wäscht“, schreibt Maximilian Schmidt, genannt Waldschmidt, im „Herrgottsmantel“, „stärkt er sich durch eine Prise, bevor er sein Gebet verrichtet, schnupft er bedächtig, gibt es etwas zu denken, so stärkt er sein Hirn mit einem Schnüpfl. Er kann nicht lachen, ohne dazwischen zu schmalzln, und abends zu Bett liegend schläft er nicht ein, bevor er nicht eine ausreichende Nachtprise genommen, er hungert und dürstet lieber, als er diesen Tabak entbehrt...“

Seit der Mitte des 18. Jahrhunderts wird der Schnupftabak auch fabrikmäßig hergestellt. Um 1900 gab es im Bayerischen Wald noch sieben bedeutende Schnupftabakfabriken; nur eine davon überlebte (in Perlesreuth/Grafenau). In der niederbayerischen Hauptstadt Landshut, die mit Regensburg zu den Zentren der bayerischen Schnupftabakfabrikation zählte, existierten damals 14 Fabriken.

„Taschenbocksbeutel“ und snuffbottles

Die ersten Tabakdosen wurden angeblich aus Buchsbaumholz gedrechselt, deshalb kennt man sie im Bayerischen Wald auch als „Büchsl“. Das gebräuchlichste Tabakgeschirr ist aber die graue Steinzeugflasche (mit einem Haarbüschel am Stöpsel) oder eine Dose aus Porzellan, Horn, Leder und natürlich das „Glasl“, das es in den verschiedensten Ausführungen und Bezeichnungen gibt, vom „Taschenbocksbeutel“ bis zur modernen snuffbottle (für amerikanische Touristen). Diese Tabakgläser waren früher Nebenprodukte der Glasfabrikation, die meist außerhalb der regulären Arbeitszeit hergestellt wurden. Sie sind unten abgeplattet, daß sie auch stehen können.

Bei den sogenannten Überfanggläsern werden zwei oder drei Schichten übereinander geblasen, einzelne Stellen dann wieder herausgeschliffen, so daß zwischendurch eine andere Farbschicht zum Vorschein kommt. Der Fachmann unterscheidet bei diesen in bunter Vielfalt hergestellten Gläsern Hohlgeschnürlte, Geschleuderte, Gesponnene und Bandlgläser, – je nach der angewandten Technik. Obwohl sie oft nur aus Resten der Glasschmelze hergestellt werden, stellen sie bisweilen wahre Kunstwerke dar und werden von ihren Besitzern dementsprechend in Ehren gehalten oder in volkskundlichen Museen zur Schau gestellt. Große und reichhaltige Sammlungen von Schnupftabakgläsern besitzen die Städte Frauenau, Regen und Zwiesel.

Eine Schnupftabakdose konnte sogar Meditationsgegenstand sein, wie uns die hölzerne Tabatiere des letzten Abtes (Amadeus Bauer) des 1803 säkularisierten Zisterzienserklosters Gotteszell beweist. Sie hat die Form eines Sarges, an dessen Kopfseite der Schnupftabak eingefüllt werden konnte. Durch ein Elfenbeinplättchen mit der Darstellung einer Sanduhr ließ sich die Dose verschließen; ihren Stöpsel zierte ein fein geschnitzter Totenkopf aus Elfenbein. Auch eine Art von Memento mori – und das gleich mehrmals am Tag!

Apropos Schnupftabakdose und Sarg: Es soll auch Waldler gegeben haben, die sich ihre „Dusn“ in den Sarg legen ließen, um sie bei der Auferstehung gleich bei der Hand zu haben.

Ein für viele Schnupfer unabdingbares Accessoire ist das rote oder blaue, karierte, manchmal auch getupfte oder mit weißen Streublumen bedruckte großformatige Taschentuch, denn nicht immer bleibt die Schnupferleidenschaft ohne Folgen.

In einem Volkslied aus dem Bayerischen Wald heißt es:

„Mir haben scho Weiber ghabt,
die haben uns nimmer mögn,
weil mir um d Nasn rum
so voll Tabak san gwen.

Mir haben nix gfragt danach,
mir haben s glei selber gsagt,

daß uns vuj liaber is
a Pris Tabak."

Lobpreis des Schnupftabaks

Die Vorzüge des Schnupftabaks preist ein in Hexametern abgefaßtes Gedicht eines unbekannten Autors:

„Nenne, o Muse, den Staub mir,
den edlen, von bräunlichem Glanze,
der in des Windfangs Kanal
geisterfrischend mir fährt!

Wohl ist´s, des Schmalzlers Gemisch,
das göttlich, sinnig bereitet,
duftig und mehlig zugleich,
schmeichelnd Geruch und Gefühl."

Nach Ansicht vieler Schnupfer soll ihre Leidenschaft nicht nur eine daseinsverschönernde, sondern auch eine daseinsverlängernde Wirkung haben. Sie ist angeblich gut gegen Kopfweh und Erkältung der Atmungsorgane. Auch Augenkrankheiten soll das Schnupfen verhindern, weil es krankheitserregende Bakterien vom Sehnerv fernhält. Eine alte Volksweisheit sagt: „Je mehr Schnupfer, desto weniger Brillenträger!" Schnupftabak galt auch als Abwehrmittel gegen die Berufskrankheit der Glasbläser und Steinhauer: die sogenannte Staublunge (Silicose).

August Sieghardt berichtet von einem 58jährigen Hausierer, der als Angeklagter im Gerichtssaal schnupfte und vom Richter deswegen verwarnt wurde. Auf energische Einwendungen des Gerichtsarztes durfte er allerdings weiter zu seiner „Dusn" greifen, „weil es die Nerven des Angeklagten beruhigt...!" Denn:

„Dem Waldler is sei größte Freud
a guate Pris Tabak,
drum hat er aa zu jeder Zeit
sei Glasl drin im Sack."

Als 1873 in Nürnberg zwei Raubmörder aus Thalmassing (Landkreis Regensburg) hingerichtet wurden, zog einer von ihnen kurz vorher noch seine Schnupftabakdose heraus, richtete sich auf dem Handrücken ein Schnüpferl Tabak zurecht und rief dann den Zuschauern provozierend zu: „So, und wenn mir jetz no oaner an schönen Gruaß an n Teifi mitgebn möcht: in fünf Minuten bin i bei eahm!"

Das Schnupfen im Angesicht des Todes verband ihn übrigens mit dem französischen König Ludwig XVI., der sich auch noch einmal eine Prise Schnupftabak genommen haben soll, bevor er sein Haupt unter die Guillotine legte.

Rituale und Wettkämpfe

Der Vorgang des Schnupfens vollzieht sich in nahezu ritueller Weise, nach einem feierlichen Zeremoniell sozusagen, das man verständlicherweise nicht von heute auf morgen erlernen kann.

Man greift mit einem oder zwei Fingern in die Dose und holt sich das „Schnüpfi" heraus, dann wird der Kopf etwas nach rechts gelegt, um das linke Nasenloch zu versorgen, und nach links, um das rechte Nasenloch des dunkelbraunen Elixiers teilhaftig werden zu lassen. Oder man klopft das Glasl auf die Faust, wo die Natur in weiser Voraussicht in der Mulde hinter dem hochgestreckten Daumen den Platz für die „Pris" vorgesehen hat.

Nur der blutige Anfänger wird bei diesem Ritual niesen, der erfahrene Könner ist über eine solche Ungeschicklichkeit erhaben.

Kein Wunder, daß die zahlreichen Schnupfervereine und -clubs, die es in Bayern gibt, auch Wettkämpfe in der Kunst des Tabakkonsums veranstalten. Da müssen dann beispielsweise fünf Gramm – das ist etwa die Hälfte des Inhalts einer handelsüblichen Dose – in 90 Sekunden spurlos in den Nasenlöchern des Teilnehmers verschwunden sein. Oder es wird ermittelt, wer innerhalb einer Minute den meisten Schnupftabak aufziehen kann. (Der Rekord bei einer deutschen Meisterschaft: 4,8

Gramm.) Mit einem Pinsel werden alle Reste vom Hemd und von der Hand gekehrt, auf einer Briefwaage gewogen und von der beförderten Menge abgezogen. In einer anderen Variante wird ein rund 30 Zentimeter langer Streifen Schnupftabak auf den Unterarm aufgetragen und dann in einem Zug aufgesogen. Die Zuschauer begleiten dieses Ritual mit aufmunternden Zurufen: „Xari, schiab, schiab, heut kosts nix!“ Oder: „Auf geht's, Sepp, nei damit! Friß n!“

Die Gemeinde Perlesreuth im Unteren Bayerischen Wald richtet jedes Jahr am dritten Sonntag im Juli ein großes „Schmalzlerfest“ aus, zu dem Hunderte von interessierten Besuchern und Experten kommen.

Das Wort „schnupfen“ leitet sich übrigens vom mittelhochdeutschen Begriff „snupfen“ = schnaufen her; es bedeutet: die Luft einziehehen, und ist mit schnauben, schnippisch, schluchzen, schnüffeln und schnuppern verwandt. Seit dem 17. Jahrhundert wird es vor allem für das Tabakschnupfen gebraucht.

„Wenn i an Schmai hätt ...!“

Die Geschichte kennt eine stattliche Zahl bedeutender Männer – und gelegentlich auch Frauen -, die große Schnupfer/innen vor dem Herrn waren.

Der erste europäische Tabakschnupfer soll der französische König Franz II. († 1560) gewesen sein. Auch der Preußenkönig Friedrich II., den viele den Großen nennen, war ein leidenschaftlicher Schnupfer, der eine Vielzahl wertvoller Tabatieren besaß. Allerdings soll er sich nicht immer dieser kostbaren Behältnisse bedient, sondern hin und wieder auch aus der Westentasche geschnupft haben.

Selbst Goethes Mutter, Frau Aja, war dem Genuß von Schnupftabak nicht abhold. Friedrich Schiller schnupfte, und Immanuel Kant, der Philosoph aus Königsberg, soll eines seiner Werke für ein Honorar von 200 Talern, 16 Würsten und zwei Pfund Schnuftabak geschrieben haben.

Zu den Liebhabern einer herzhaften Prise zählte in neuerer Zeit der englische Premierminister Sir Winston Churchill, der deutsche Dichter Stefan Andres und der frühere deutsche Bundeskanzler Helmut Schmidt.

Allerdings gab es zu allen Zeiten auch erklärte Gegner des „edlen Staubes“. Einer der namhaftesten war Napoleon Bonaparte, der das Schnupfen eine „orientalische Schweinerei“ genannt haben soll.

Es ist deshalb nicht verwunderlich, daß das Schnupfen auch ein vielbesungenes Thema im Volkslied wurde. Einige dieser Texte wurden schon angeführt; ein anderes oft gesungenes Lied geht so:

„Wenn mir im Wirtshaus sitzn
und koana nix mehr woaß
und beianander sitzn
als wia a stumme Goaß,
da ziaght a jeder glei
sei Glasl aus m Sack
und schnupft zum Zeitvertreib
a Pris Tabak.
Ja, der Schnupftabak, der Rauchtabak,
der Tuwak ist mein Leben,
ja, der Schnupftabak, der Rauchtabak,
der Tuwak is mei Freud.“

Verständlicherweise haben auch bayerische Schriftsteller das Thema „Schnupfen“ gelegentlich aufgegriffen. So handelt eine der schönsten Geschichten von Wugg Retzer von der „Schmaizlernasn“.

Zumindest bei der nicht ganz leichten Lektion über den Konjunktiv taucht der Schmai auch in den Bairisch-Sprachlehrbüchern auf:

„Wenn i an Schmai hätt, schnupfat i n,
wenn du an Schmai hättst, schnupfats n,
wenn er an Schmai hätt, schnupfat an,
wenn ma an Schmai hättn, schnupfat ma n,
wenn s an Schmai hätts, schnupfats n,
wenn s an Schmai hättn, schnupfatn s n.“

Ja, ja, sei tuats was mit derer Schnupferei...!

Lichtmeß – ein Feiertag mit zwei Gesichtern

I.

Der Bauernfeiertag Lichtmeß hat mit dem kirchlichen Fest Mariä Lichtmeß nicht viel zu tun. Der Tag ist jetzt seit dem neuen Jahr um eine ganze Stunde gewachsen, deshalb wird schon ohne Licht zu Abend gegessen: „Maria blast s Licht aus, und der Michl (29. September) zündts erst wieder an!" sagt man. Schnitzmesser und Spinnrad werden verräumt. Der „Auswärts" ist nicht mehr weit.

Lichtmeß ist auch der Tag, an dem Knechte und Mägde eingestellt wurden. Wer seinen Arbeitsplatz wechseln wollte, konnte dies ebenfalls tun. Von einem, der es zu oft probierte, sagte man: „Der derf si aa an sein Kastn (Kleiderschrank) Radl himacha lassn!" Abgemacht wurde der Einstand meistens mit einem Handschlag und einem kleinen „Drangeld".

Der Lichtmeßtag (am Ende beziehungsweise Anfang des bäuerlichen Wirtschaftsjahres) war auch der Auszahltag für die Ehhaltn (Dienstboten). Knechte und Mägde bekamen den Jahreslohn in Goldstücken und Silbertalern ausbezahlt, dazu kam noch der „Ausbedung" von der Bäuerin. Der erste Knecht zum Beispiel erhielt drei Hemden, zwei Fetzen (Fürflecke), ein Paar Stiefelschuhe, an den heiligen Zeiten (den kirchlichen Hochfesten) sechs Laib Brot und sechs Küchl. Mägden stand in der Regel auch noch ein Wachsstock zu.

II.

Einen Wachsstock bekam die Dirn auch vom Knecht dafür, daß sie ihm das Jahr über das Bett gemacht hatte, und am Lichtmeßabend nach dem Rosenkranzbeten mußte er sie in eine Gastwirtschaft ausführen. Dort zahlte er ihr das „Flohbier" zum Lohn dafür, daß sie ihm beim Bettmachen Hunderte von angriffslustigen „hupfatn Luadern" gefangen und ihnen den Garaus gemacht hatte; denn „wenn s oans umbracht ghabt hat, san eahm glei zwanzg mit der Leich gangen..." Die Zahl der abgemurksten Peiniger hatte die Dirn auf einem Zettel genauestens vermerkt.

Das gab natürlich eine Mordsgaudi, weil sich im Wirthaus inzwischen auch die Dienstboten anderer Höfe eingefunden hatten. Es wurde musiziert und getanzt. Der Bauer mußte dann nur aufpassen, daß sich daraus keine „gschlampertn Verhältnisse“ entwickelten, vor allem, daß die Ehhalten nicht nebeneinander schliefen „wia d Schindln“. (Kliebschindl wurden früher teils mit einer Kerbe – „Weibl“ -, teils mit einer Abschrägung – „Manndl“ – hergestellt.) Sonst konnte es sein, daß im Herbst „d Liab afganga is“, das heißt, das Fürtuch der Magd „bucklert“ wordn is.

Noch vor 200 Jahren konnte ein Bauer empfindlich gestraft werden, wenn er auf seinem Hof ein „offenes Haus“ hatte, auch wenn der Knecht (wie zum Beispiel 1740 im Pfleggericht Schwarzach) beteuerte, daß er sich bloß zu der Dirn gelegt habe, weil er sich vor dem verstorbenen Bruder des Bauern fürchtete, der auf dem (Getreide)Boden umging, das heißt, weizte. Deshalb sagte an Lichtmeß der Bauer zu einem neuen Knecht: „Bei mir herrscht an Ordnung afm Hof, und dazua ghört aa, daß d mir d Dirna in Ruah laßt...!“

III.

Bevor „ausgestandn“ oder „eingestandn“, das heißt „Lichtmeßn gmacht“ wurde, kochte die Bäuerin noch einmal richtig auf, dann folgten die Schlankl- oder Schlenkltage. Diese drei oder vier arbeitsfreien Tage waren eine Art Urlaub für die Knechte und Mägde. Die ersteren verbrachten sie fast immer in den Wirtshäusern der Umgebung, die letzteren bei ihren Verwandten zu Hause.

Der eine oder andere Spottvers erinnert noch an das lustige Treiben in diesen Tagen (und auch daran, daß man früher nicht so empfindlich und „wehleidig“ war wie heute). So zum Beispiel sangen „Ausgestandene“ gerne:

Euer Kraut und euere Ruabn, dö haben uns ganz vertriebn;
waar s Essn besser gwen, waarn mir vielleicht no bliebn.

´s Bauernjahr is aus, und dös is unser Trost:
jetzt kriagn ma an andere Bäuerin und aa a andere Kost!

Bekannt ist auch das Streitgespräch zwischen Bauer und Knecht:

Sagt der Bauer zum Knecht:

„I sag dirs oamal,
i sag dirs zwoamal,
i sag dirs dreimal,
a vierts Mal sag i dir s nimmer!
Fünf Wocha bist jetzt da,
koane sechs Mark hast vadeant,
pack deine siebn Zwetschgn,
in acht Tag kannst geh!
Um neune standtst af,
um zehne hättst no nix garbert,
aber von elfe bis zwölfe möchst essen!"

Sagt der Knecht zum Bauern:

„Guat, vo elfe bis zwölfe möchert is essen,
aber um zehne kannst mir scho
neunmal an Buckl owirutschn!
Acht Wocha bin i jetzt da,
aber net siebnmal hast mi auszahln könna,
du sechseckerter
Bauernfünfer!
Um viere muaß i aufsteh,
drei san uns zu der Arbert,
um zwoa gibt's no nix zum essn,
mir is oans: i geh!"

IV.

Auf dem „Schlenkl-Markt" konnte man sich – wenn notwendig – noch nach einem freien Knecht oder um einen neuen Arbeitsplatz umsehen. Die Burschen, die einen Platz suchten, trugen auf dem Hut ein kleines Bündel Stroh oder Ähren, die Mägde hatten sich einen Löffel in das Mieder gesteckt.

„I red net vuj“, soll einmal ein altbaierischer Bauer zum neuen Knecht gesagt haben, „wenn i gnamp (oder gnauk, das heißt mit dem Kopf nicke), nachher kimmst her!“

„Bauer, i glaub mir zwoa passn zsamm“, soll der Angesprochene geantwortet haben, „i red aa net vuj. Wenn i an Kopf beutl, nachher kimm i net...!“

Auch eine Reihe von „Sagte-Sprichwörtern“ spricht dieses hin und wieder doch etwas gespannte Verhältnis von Bauer und Knecht an:

„Dös is dös richtige Wetter für meine Knecht“, hat dersell Bauer gsagt, wia s recht kalt gwen ist, „wenn s net arbeitn, nachher friert sie s wenigstens...!“

„Bei uns kriagt oaner jedn Tag s Fleisch!“, hat dersell Bauer zum neua Knecht gsagt. Net gsagt hat er eahm, daß der oane der Bauer alloans gwen is.

„Langts no nei! Dös Dicke liegt am Bodn drunt!“, hat diesell Bäuerin zu dö Ehhaltn gsagt, und nachher hat der Knecht an Spülhadern aus der Schüssl außerzogn..

„Dös is scho recht komisch“, hat diesell Dirn gsagt, „daß a tote Sau mehrer wert is als wia a toter Bauer...“

„Kennst du an Unterschied zwischn am Christkindl und deim Wei?“, hat dersell Knecht an Bauern gfragt. „´s Christkindl is bloß oa Nacht nebn am Esl glegn...!“

„I glaub, du bist aa liaber dort“, hat dersell Bauer zu seim Knecht gsagt, „wo scho garbert, aber no net gessn is..!“

„So einfach is dös gar net“, hat dersell Knecht gsagt. „Beim Essn muaßt di vüri haltn, beim Trinka zruck, bei der Arbert af d Seitn und bei der Liab aus m Gspuj!“

„I arbert für fünf!“, hat dersell Knecht gsagt. „Ja, für fünf ledige Kinder!“, hat der Bauer drauf gsagt.

„I arbert wia a Roß und hungern tuats mi wia an Bärn“, hat dersell Knecht zum Bauern gsagt, „wenn i krank bin, brauch i wahrscheinli an Tierarzt!“ „Ja“, hat der Bauer gsagt, „da muaßt di aber zerscht waschn, denn dreckert bist wia a Sau!“

„Im Wirtshaus gibt er o, was er ko“, hat dersell Knecht von seim Bauern erzählt, „und dahoam verhungern eahm d Mäus im Tischschubladn!“

V.

Der kirchliche Feiertag Mariä Lichtmeß wurde anfänglich am 15. Februar begangen: 40 Tage nach dem Fest der Erscheinung des Herrn. Mit der Vorverlegung des Weihnachtsfestes auf den 25. Dezember wanderte er auch auf den 2. Februar vor. Dem Fest liegt ein uralter Reinigungsritus für die Frau zugrunde.

Schon im alten Rom sollen im Februar Lichterprozessionen zu Ehren der Fruchtbarkeitsgöttin Demeter/Ceres abgehalten worden sein, der man auf diese Weise helfen wollte, ihre geraubte Tochter Persephone wieder zu finden. Die Kirche versuchte mit Erfolg, mit ihren Lichterprozessionen diese heidnischen Umzüge zu verhindern. Die Kerzenweihe hat sie bis in unsere Tage herein beibehalten. Die entsprechenden Benediktionsformeln stammen zum Teil noch aus dem 10. Jahrhundert.

Kerzen gab es für jede heilige Zeit und für die verschiedensten Anlässe: für Geburt und Taufe, Hochzeit und Sterbekammer, Wachsstöcke für die Rorate-Ämter und schwarze Wetter- und Schauerkerzen, Advents- und Christbaumkerzen.

In früheren Jahrhunderten legte man Wert darauf, nur Wachs von den eigenen Bienenstöcken zu verwenden, die nach altem Herkommen an Lichtmeß einer gründlichen Reinigung unterzogen wurden. Bienen – altbaierisch „Impn“ – wurden ja wie Haustiere gehalten. So wurde ihnen zum Beispiel auch der Tod des Bauern gemeldet:

„Auf und aus,
der Tod ist im Haus!
Euer Herr ist gewesen
laß Gott ihn genesen
zu fröhlicher Urständ (Auferstehung)!“

„Auf geht's zur Hopfenwallfahrt!"

Brotlose Waldler als Saisonarbeiter in der Holledau

Die alte Holledau

„Wildes Gehügel mit Waldungen durchschnitten, man kann kaum von einem Ort zum anderen kommen ... Alles ist gräuslich, voll Wald, Moos und Heide. Die Häuser gleichen den elendsten Hütten der ersten Zeit ... Von innen und von außen ist alles schmutzig und arm ... Die Menschenrace ist äußerst verkrüppelt und verkümmert, klein, stumm und wild, meist mit körperlichen Schäden behaftet. Die Leute sind übler dran wie das Vieh. Schon in der Früh um 2 Uhr heißt es zur Arbeit, und sie bringen doch nichts voran. Diebstähle sind hier häufig, daher ist das Sprichwort, er ist aus der Holladau und daher ein Dieb, besonders sind die Pferde auf den Weiden nicht sicher ... Die Glückseligkeit dieser Leute ist an den Feiertagen einige Maß Bier zu trinken und sich so zu berauschen. Sie werden nicht alt, einige 50 Jahre, und am Ende meist taub."

Mit diesen Sätzen beschreibt um 1805 der Aufklärer Joseph Hazzi, aus dem benachbarten Abensberg gebürtig, die Holledau und ihre Bewohner. Tatsächlich war dieses Gebiet bis ins 18. Jahrhundert eine abgelegene einsame Landschaft, deren Erscheinungsbild längst nicht so stark vom Hopfenanbau geprägt war wie heute.

Ursprünglich beschrieb die Bezeichnung Holledau nur ein ausgedehntes Waldgebiet am Oberlauf des Flüßchens Abens. So finden wir in der Topographie des Ingolstädter Mathematikers Philipp Bienewitz – den meisten unter dem Namen Apian bekannt – die Bemerkung: „Ein von Hirschbach gegen Osten und Norden hin sich ziehender Wald heißt Hallerthaw. Von demselben erhält die ganze Gegend den gleichen Namen. Sie ist ganz voller Hügel und Wälder."

Was übrigens die oben erwähnten Pferdediebstähle betrifft, so ist nahezu jedem Bayern die Holledauer „Nationalhymne" bekannt:

„O Heiliger Sankt Kastulus
und unsere Liabe Frau,
ös werdts uns ja no kenna,
die von der Holledau.

Mir sollten unser neune sein,
und san sched unser drei,
die andern san beim Schimmistehln,
Maria, steh eah bei!

Der Name

In Freisinger Traditionsnotizen findet sich schon sehr früh der Begriff „Halle silva" oder „locus, qui dicitur hal", und die Sprachforscher sind der Ansicht, dieser „halhart" bezeichne eine unberührte, wilde, unwegsame Waldlandschaft. Die Volksetymologie – oder war es nur ein fabulierfreudiger Auer Schulmeister? – hat sich allerdings, unbeeindruckt von den Erkenntnissen der Germanisten, eine eigene, leichter verständliche Deutung des Begriffs Hallertau geschaffen:

Als 1313 in der Schlacht von Gammelsdorf Kaiser Ludwig der Bayer beim Kampf mit seinem habsburgischen Vetter in Bedrängnis gekommen war, habe er seinem Marschall befohlen: „Hol er d Auer!" Und die Männer aus Au hätten sich dann so tapfer geschlagen, daß dieser Satz zum Ehrennamen für die ganze Gegend wurde.

Bis zum Beginn des 19. Jahrhunderts dehnte sich der Begriff Hallertau auf das gesamte Gebiet des ehemaligen Landgerichts Moosburg aus. Aus dieser Zeit stammt auch der Merkvers „Wolnzach, Nandlstadt und Au san die drei Hauptstädt der Holledau", den ich selber als Kind noch aus dem Mund meiner Mutter gehört habe. Aber immer noch nicht hat der Name Holledau etwas mit dem Hopfen zu tun. Sie ist eine abgelegene und abgeschlossene Landschaft, ohne nennenswerten Verkehr, – ein bayerisches Reich der Mitte.

Der Kulturhistoriker Heinrich Wilhelm Riehl beschrieb sie 1869 mit den Worten: „Die Geschichte der inneren Hallertau blickt fast nur in sich selbst hinein, sie ist localster Natur. So lernen wir die Holledau als eine Insel kennen, von städtischer Cultur umspült, aber nicht durchflutet."

Mit der Einführung des extensiven Hopfenanbaus im 19. Jahrhundert sollte sich das allerdings schnell ändern. Etwa um 1850 erfolgte dann die Umwertung des Begriffs Hallertau zum speziellen und bald hochgelobten Hopfenanbaugebiet schlechthin. Was die (lautlich) verschiedenen Bezeichnungen Hallertau und Holledau betrifft, so wird heute die erste Form vornehmlich in amtlichen Schreiben, in Büchern und in Zeitungen verwendet; in Dialekttexten dagegen wird die Holledau bevorzugt, auch wenn ein Germanist des 19. Jahrhunderts den Rat gab, diese „Pöbelform" zu meiden und sich an die höhere Schriftsprache zu halten.

Der Hopfen

Wenn es nach der hl. Hildegard von Bingen gegangen wäre, würden unsere Brauer heute zur Bierherstellung statt des Hopfens Eschenblätter verwenden. Nach Meinung dieser in ihrer Zeit – dem 12. Jahrhundert – naturwissenschaftlich hochgebildeten Frau erzeugt nämlich der Hopfen im Menschen Melancholie, stimmt ihn traurig und beschwert seine Eingeweide.

Unsere Bierbrauer freilich sind schon seit Jahrhunderten der Ansicht, daß nur der Hopfen den richtigen kernigen Biergeschmack, die Schaumbildung und die Konservierung dieses fünften bayerischen Elements ermöglicht. Entdeckt wurden seine Qualitäten – man möchte es kaum glauben – vermutlich von finnisch-ugrischen Stämmen.

Was ist aber nun dieser Hopfen für ein Gewächs?

„Der Hopf is a Tropf", heißt ein altes Holledauer Sprichwort, „er möcht jedn Tag seinen Herrn sehn." Gemeint ist damit, daß der Hopfen einen viel bestimmenderen Einfluß auf seine Pflanzer ausübt als jede andere europäische Kulturpflanze.

Nach den botanischen Begriffsbestimmungen gehört der Hopfen zur Familie der Hanf- und zur Ordnung der Nesselgewächse. Aber im Gegensatz zu seinen Verwandten braucht er eine Stütze, an der er sich sieben bis acht Meter emporwinden kann. Deshalb wird er in den sogenannten Hopfengärten gezogen, die seit Jahrhunderten das charakteristische Erscheinungsbild der Holledau ausmachen.

Das Wort „Garten" stammt noch aus einer Zeit, als der Hopfenanbau nicht so extensiv betrieben wurde und in dem Maße mechanisiert war wie heute. Die ältesten Hopfengärten werden 768 in einer Urkunde Pippins des Kleinen erwähnt. Um 860 erscheint auch in Freisinger Urkunden erstmals ein Hopfengarten, und zwar in Gründl bei Nandlstadt.

Das Hopfenzupfen

Über tausend Jahre lang hatte man nach der gleichen Methode den Hopfen von den Stangen abgestreift, büschelweise gebunden und in die Hopfenbauernanwesen geschafft. Dort schnitt man die Reben in kleine Stücke und brockte die Dolden in den Scheunen und Häusern in Körbe.

Mit der Einführung der Draht-Anlagen und der Ausweitung der Anbaugebiete änderten sich auch die Arbeitsmethoden, und zwar grundlegend. Der Hopfen wurde nun bereits auf dem Feld gezupft, und für die Arbeit mußten zusätzliche Saisonarbeiter eingestellt werden, zunächst aus benachbarten Landstrichen, schließlich auch aus weiter entfernten Gegenden, vor allem aus dem Bayerischen Wald, aus der Oberpfalz und sogar aus Böhmen.

Wenn diese Hopfenzupfer kamen, brach die „große Zeit der Holledau" an. Um die Mitte unseres Jahrhunderts dürften es an die 100000 Saisonarbeiter gewesen sein, die zur Hopfenernte in die Holledau wallfahrteten.

Gearbeitet wurde ausschließlich im Akkordsystem. Die „Stangler" holten die Hopfenreben vom Laufdraht und ließen sie vor die Körbe der Zupfer fallen, die dann die Hopfendolden „abbrockten". Gearbeitet wurde, solange es hell war. Abgerechnet wurde nach Metzen, einem alten Hohlmaß von 60 Liter Fassungsvermögen. Ein geübter Zupfer konnte es am Tag auf acht bis zwölf Metzen bringen. Für jeden Metzen bekam der Zupfer vom Hopfenmeister eine Blechmarke, die am Ende der Kampagne gegen Bargeld umgetauscht wurde.

Während des Zweiten Weltkriegs wurden auch Hitlerjungen, BdM-Mädchen, Männer des RAD, Kriegsgefangene, Schüler und Studenten zum Hopfenpflücken abkommandiert. Allerdings blieb ihre Pflückleistung aus den verschiedensten Gründen weit hinter dem Durchschnitt der passionierten Hopfenzupfer zurück.

Die Hopfenzupfer

Genaue Angaben über die Zahl der in der Holledau beschäftigten Hopfenzupfer sind schwer zu bekommen. Schon vor hundert Jahren scheinen – nach einer zeitgenössischen Quelle – neben rund „8000 Handwerksburschen, Schauspielern, Gauklern, Gradlern und sonstigen vagierenden Subjekten" 10-20000 Hopfenbrocker in die Holledau gekommen zu sein, eine Zahl, die sich um die Mitte unseres Jahrhunderts auf etwa 100000 erhöht haben dürfte.

„Da strömen und streunen Scharen von Leuten jeden Alters, Geschlechtes, einzelne Personen und ganze Familien mit ihren Handwägen in der Hollerdau herum", schrieb im vorigen Jahrhundert der Pfarrer von Au in einem Bericht an das Bischöfliche Ordinariat, „ein geradezu internationales Publikum, Leute aus aller Herren Länder, Waldler, Böhmen, Slowaken, Preußen und Sachsen, verunglückte Studenten, verkrachte Adelige, Münchner Lucki und Strizzi nebst ihrem langhaarigen Anhang, professionelle Landstreicher mit allerlei Weibervolk..."

Tatsächlich gingen zum Hopfenzupfen fast ausschließlich sozial Minderbemittelte, vorwiegend Frauen und halbwüchsige Kinder und Jugendliche, die für diese zwei bis drei Wochen schulfrei bekamen. Ihre Anwerbung geschah durch Mundpropaganda oder über sogenannte Hopfnmoaster, Schmuser, die umhergingen und Hopfenzupfer gegen Entgelt vermittelten. Meist hatten sie schon ihre „festen Plätze“. Diese „stabilitas loci“ war auch für die Angeworbenen von Vorteil, weil man sich nicht jedes Jahr neu auf einem Hof eingewöhnen mußte, wie jene waldlerische Dirn, die am ersten Abend aus dem Fenster hinausschaute und – noch ganz überwältigt von der Größe des Holledauer Bauernhofes – erstaunt ausrief: „Jessas, hamad dö an Moschei, und mir en Wojd drin haben a so an krumma Teifi!“

Es gab Waldler, die in einem Sommer folgendes Programm absolvierten: Zuerst gingen sie in den Gäuboden zum Zuckerrübenanbau, dann in die Landauer Gegend zum ersten Heuen, schließlich ins Allgäu (manchmal auch nach Graubünden) zur Heuernte, dann wieder zurück in den Gäuboden zur Getreideernte; anschließend marschierten sie heim in den Wald zur eigenen mageren Ahrn, und wenn die unter Dach und Fach war, gings in die Holledau zum Hopfenzupfen, anschließend zum Dreschen in den Gäuboden, wo man auch gleich zur Zuckerrüben- und Kartoffelernte blieb. Welch ein gewaltiges Arbeitspensum!

Die Motive der Hopfenzupfer

Gründe für die Saisonarbeit der Hopfenzupfer gab es genug. „Die einen kommen“, schrieb der vorhin zitierte Pfarrer von Au, „um wirklich Arbeit und Verdienst zu suchen, die anderen aber nur, um ein zügelloses lüderliches Leben zu führen, wozu sich hier Gelegenheit bietet.“

Zu allererst aber bedeutete diese Arbeit eine deutliche Verbesserung der oft trostlosen finanziellen Lage.

Außerdem kam man in die weite Welt hinaus. Gab es doch damals noch genug Leute, die in ihrem Leben nicht weiter als bis in die nächste Kreisstadt gekommen waren. „Man möchts net glauben, wia grouß daß d Welt is“, soll amol a Waldler gsagt habn, wia er in d Stod kemma is,“ – und hinter Straubing solls no weitergeh!“

Und schließlich roch die ganze Hopfenzupferei schon auch ein bißchen nach Abenteuer, für die jungen Burschen ebenso wie für die gstandnen Weibsbilder. Es mußte ja nicht gleich zu skandalösen Ausschweifungen kommen oder zu einem richtigen Hopfenzupferkrieg, wie 1903 in Elsendorf und Appersdorf im Bezirk Mainburg, wo die 4. Batterie des 8. Feldartillerieregiments in die Dörfer einrücken mußte, um die Streitigkeiten zu schlichten.

Drei Jahre später mußten von der Auer Gendarmerie „nicht weniger als 86 Damen und Herren Zupfianer arretiert und ans Amtsgericht Mainburg abgeliefert" werden. Und in Enzelhausen artete 1912 das abschließende Hopfenmahl zunächst zu einer handfesten Wirtshausrauferei und schließlich in einen offenen Landfriedensbruch aus. „Kameraden, auf gehts, im Blut müssen alle hinausschwimmen, wenn wir jetzt einikommen!" soll damals einer der Rädelsführer als Losung ausgegeben haben. Die Bilanz: immerhin zwei erheblich und zwei in geringerem Grade Verletzte.

Ein schöneres und vor allem harmloseres Vergnügen für die brotlosen Waldler war dagegen die gute Verpflegung. „Mit Sing und Sang" schreibt Lorenz Kettner in seinem Buch über den Hallertauer Hopfenbau, wurde Einzug gehalten auf dem Bauernhof, wo die Bäuerin den Festschmaus hergerichtet hatte. Das Einstandsmahl bestand aus Schweinernem, Kraut, Kartoffeln und roggenen Schucksen. Da auch an Sonn- und Feiertagen gearbeitet wurde, blieb den Zupfianern wenig Zeit zum Feiern, solange die Ernte andauerte. Aber bereits am zweiten Sonntag der Hopfenernte, wenn schon Vorschüsse ausbezahlt worden waren, ging es in den Wirtshäusern hoch her. Nach Abschluß der Ernte wurde „der letzte Hopfen" oder „die letzte Stange" besonders gefeiert. Ein gemeinsames feuchtfröhliches Hopfenmahl schloß die Ernte ab.

Jetzt tauschten auch die Bauern das Hopfenblech in Bargeld um. Bei dieser Gelegenheit wurde am besten gleich das Wiederkommen im nächsten Jahr ausgehandelt.

Heute gehört auch dieses vor allem volkskundlich interessante Kapitel der Vergangenheit an. Die Hopfenzupfer wurden mittlerweile durch die Hopfenpflückmaschine ersetzt. Da kann man bloß noch resignierend feststellen: „Aus is und gar is, und schad is, daß s wahr is...!“

BRAUCHTUM

„D’ Sau, d’ Sau hat an schweinern Kopf ...“

Das Schwein in der bayerischen Kultur- und Sprachgeschichte

Anders als bei den orientalischen Völkern galt der Eber bei den Germanen und damit auch bei den Baiern als strahlender, goldborstiger Himmelsstürmer. Als Haustier wurde das Schwein in die Eichenwälder zur Mast getrieben, als Wildschwein im Sauhart (häufiger Waldname, zum Beispiel bei Thalmassing im Landkreis Regensburg) mit der Saufeder gejagt. Der Export von Schinken in die römische Provinz Raetia secunda scheint floriert zu haben, wenn auch diese geschichtlich belegbare Tatsache kaum in ursächlichem Zusammenhang mit dem Kinderreim stehen dürfte, den mir ein Gewährsmann aus Pfatter übermittelte:

Hermann, der Cheruskerfürst,
handelte mit Leberwürscht;
er schrie die Straße auf und ab:
„Wer kauft mir meine Würschte ab?“

Der Schweinebraten galt dann Jahrhunderte hindurch als Festspeise, und das nicht nur zur Weihnachtszeit! Auch der königlich-bayerische Abgeordnete Jozef Filser schwärmt in einem seiner bekannten Briefe (an Pfarrer Emmeram Schanderl in Mingharting) von großen „Schingenäsen“ der Parlamentarier.

Sonst ist allerdings das Schwein in der Ikonographie Sitz der bösen Geister; man denke etwa an die Heilung der Besessenen von Gerasa, wo die Dämonen in eine Schweineherde fahren. In der Klosterkirche Oberaltaich vertreibt ein Benediktinermönch mit einem Weihwasser„pemsel“ in der einen und dem Bogenberger Gnadenbild in der anderen Hand den Reformator Martin Luther aus dem Deckengemälde (von Joseph Anton Merz 1727-1730, Bildprogramm nach detaillierten Angaben von Abt Dominikus Perger) hinter der Orgel. Der Reformator reitet, seine Bibelübersetzung in der Hand haltend, auf einem wilden Schwein durch die Lüfte.

Eine Ausnahme bildet der hl. Einsiedler Antonius, der als einer der vier heiligen Marschälle im Hochmittelalter als „Sautonerl“ das Patronat über dieses Haustier übertragen bekam und es vor Rotlauf und anderen Krankheiten schützte. Noch zu Beginn der fünfziger Jahre unseres Jahrhunderts war die Gäubodengemeinde Sünching in der südlichen Oberpfalz Ziel solcher Tonerl-Wallfahrten.

Von der früher bestehenden Antoniusbruderschaft wurde alljährlich am 23. Dezember (als „Weihnachter“) oder am 17. Januar, dem kirchlichen Festtag des Heiligen (als „Antonisau) ein Schwein geschlachtet, dessen Fleisch man an die Armen der Gemeinde verteilte. Die Sünchinger Antonisau hatte ihren Stall unmittelbar neben der Kirche, wo sie auf Kosten der Grundherrschaft oder der Gemeinde gehalten wurde. Als einziges Exemplar ihrer Art durfte sie – durch ein Glöckchen am Hals als solches ausgewiesen – unbeirrt im Dorf herumlaufen und sich überall ihr Futter suchen. Als „Allesfresser“ vernichtete sie auf diese Weise auch den natürlichen Abfall, und als „Rennsau“ ging sie sogar in den bayerischen Wortschatz ein, wo der Ausdruck vor allem im übertragenen Sinn gebraucht wird.

Bereits im Hochmittelalter trug der Sünchinger Ortsadel, der lange Zeit die Marschälle des Hochstifts Regensburg stellte, ein springendes Wildschwein im Wappen, wie unter anderem der Grabstein der Kunigunde von Sünching (+ 1296) in der Regensburger Dominikanerkirche eindrucksvoll bezeugt. Auch die Herren von Chamerau schmückten ihre Schilde mit einer roten Sau. Der entsprechende Turnierreim lautete:

Jetzt kommt der Herr von Chamerau,
der reit auf seiner roten Sau.

Das Schwein, vor allem der Eber, galt nämlich im Hochmittelalter sowohl als Symbol kriegerischer Leistung als auch der (erwünschten) Fruchtbarkeit. Und wer kein Wappen sein eigen nannte, trug den Eber wenigstens im Namen: Eberhard (= stark wie ein Eber), Eberwein (= Freund des Ebers), Ebernand (= kühn wie ein Eber); auch in Familiennamen (Ebermaier, Ebermann) und Ortsnamen (Ebersberg, Eberstein) ist er zu finden.

Reste dieser Wertschätzung finden wir heute noch im etwas aus der Mode gekommenen Sparschwein und im Glücksschwein („Schwein gehabt!"). Auch im Kartenspiel nimmt die Sau eine bevorzugte Stelle ein und erfährt liebevolle Bezeichnungen, wie etwa „die Kuglbauern-Theresia" (für die Schelln-As) oder „die Frau Forstmeister" (für die Gras-As).

Im Brauchtum kennen wir das Wurstsuppenfahren im Advent und das Schlachten des „Weihnachters" kurz vor den Feiertagen. Wenn die großen Bauern früher an Lichtmeß eine Sau schlachteten, profitierten jene Knechte und Mägde nichts mehr davon, die in diesen Tagen den Dienstherrn wechselten. Deshalb gaben sie ihr bisweilen Seifenlauge zu trinken, damit das Tier Durchfall bekam und noch „rechtzeitig" geschlachtet wurde: sie haben d Sau „eigsoaft".

Die Schweinezucht in Bayern ist alt. Ein Spruch des 18. Jahrhunderts heißt: „In unserem Kurfürsten seinem Garten wächst ein Klee, der drei goldene Bladl hat: Bier, Salz und Säu." „Dero allerhöchste Säue haben meine allerunterthänigsten Kartoffeln aufgefressen" soll damals ein biederer Landpfarrer seinem Landesherrn geschrieben haben. Manche Münchner Stadtleute besaßen im Spätmittelalter auf dem Land Schweineherden bis zu hundert Stück.

Der Neid über die Einnahmen aus der Schweinehaltung scheint der Vater folgender Legende (aus dem Schwäbischen) zu sein: Als unser Herr Jesus Christus in Landsberg einmal von der linken Seite des Lech auf die rechte überwechseln wollte und sich der Brückenvogt nach dem Grund erkundigte, gab unser Herr zur Antwort, er wolle ins Bayernland, um auch dort seine Schäflein zu suchen. Darauf entgegnete ihm der Vogt, da sei er auf dem Holzweg. In Bayern gäbe es keine Schafe, nur Säue.

Schon 1520 hatte ein gewisser Joannes Boemus in seinem Werk „De omnium gentium ritibus" behauptet, daß die Baiern durch ihre den Schweinen angepaßten Sitten berüchtigt seien und durch Untugenden stärker als andere Volksstämme hervorstächen.

Tatsächlich scheint das Schimpfwort „Saubayer" älter zu sein als das heute gebräuchlichere „Saupreiß": bereits im 16.

Jahrhundert wurde es (vornehmlich von den Schwaben) verwendet. Als „Saubayer“ wurde um 1570 auch der Gegenreformator Johann Nas OFM von seinen Gegnern beschimpft. (Nach Benno Hubensteiner soll das Schimpfwort „Saupreuß“ erst um 1868 von unzufriedenen Bauernburschen gebraucht worden sein, die gegen das Schutz- und Trutzbündnis Bayern-Preußen opponierten.) Unsere westlichen Nachbarn sollen es auch gewesen sein, die das Schöpfungswort Gott Vaters so verfremdeten: „Ös Säu!“ (statt „Es sei!“). Ein hin und wieder zitierter kirchenlateinischer Vers heißt: „Bavarus et sus habent unum corpus (A Bayer und a Sau, dö haben den gleichen Körperbau)!“ und Ludwig Thoma läßt seinen Abgeordneten Jozef Filser philosophieren:

Fieleichd gibt es in Breißen größerne Säu als bei ins, wofon ich fieleichd ieberzeigt bin, und fieleichd sind Zäu in Breißen fornemer in der Absdammung, awer die gewenliche Bauernsau in Bayern isd gros genug, so das mir sagen kennen, mir hawen fiele Säu und mir hawen grosse Säu in unserm gelibden Faderlande Baiern, und mir haben ins davon glenzend ieberzeigt...

Dem Schwein begegnen wir auch in einem Fluchwort eines Tegernseer Mönches, der um die Jahrtausendwende herum, in einem strengen Winter offenbar, den Kleiderpater seines Klosterkonvents ziemlich derb angegangen hat: „Vellem te esse suem...: Ich wollte, du wärst eine Sau, daß, wenn ich dich fangen könnte, die Schwarte dir abzöge mit Gewalt, das fette Messer tauchte in den Hals und die Beine mir schmierte, die die Kälte rissig macht, und die schlechte Schwarte wollte ich ausbreiten als einen Pelz.“

Eingang gefunden hat das Schwein auch in zahlreiche Redewendungen und andere Zeugnisse der Volkspoesie. Von einem ungehobelten Menschen sagt man. Der führt si auf, wia d Sau auf m Sofa; wenn einer Zoten reißt: er läut d Sauglockn; wenn einer unbedingt dabei sein möchte: er zwängt si nei, wia a lausige Sau, und von einer, die sich unvorteilhaft kleidet: dös steht ihr, wia der Sau a Strohhuat. Zu einem, der nicht grüßt, sagt man: Sogar a Sau grunzt, wenn s vorbeigeht! Wenn einer einen anderen auf Kirchweih lädt, antwortet der vielleicht: Geht nicht, i hab s scho a andern Sau versprocha. Von einem, der schnell zu Geld gekommen ist, sagt man: Er hat Geld wia a Sautreiber (oder Viehhändler), und einer, der sich überall durchfrißt, tuat s der (Sünchinger) Antonisau nach.

Ein gängiges Sprichwort heißt: „A Sau bleibt a Sau, aa wenn s a goldenes Ringl durch d Nasn tragt!“

Typische Bauernsprüche (Sagte-Sprichwörter) sind:

„Durch mich kommt das Schwein in die beste Gesellschaft“, hat dersell Metzger gsagt.

„Höher geht s nimmer!“ hat diesell Sau gsagt und hat si af n Schwanz gstellt.

„Überall seid s zum finden“, hat diesell Dirn gsagt, wia s d Säu aus m Gartn außitriebn hat, „bloß net in der Rein af m Tisch.“

„Ja gibt's denn no was Feiners als von a tot´n Sau a Schweiners ...?“, hat dersell Bedlmo gsungen, und nachher hat eahm der Bauer ´s Schwanzl abgeschnittn.

„D Erdäpfl san erst guat“, hat dersell Knecht gsagt, „wenn s durch d Sau gangen san!“

„Mir macht dös nix aus, wenn si unser Dirn net wascht“, hat dersell Bauer gsagt, „meine Sau waschn si aa net und haben dennerscht a guats Fleisch!“

Eine schöne Stilblüte ist: Der Bauer saß im Garten und freute sich über die Schweine und Vögel, die lustig in den Zweigen zwitscherten und grunzten.

Und eine Sprachspielerei weiß: Wenn eine Sau ergraut ist, ist sie ein altes Schwein. Wenn eine Sauerkraut ißt, braucht sie es nicht zu sein.

Eine Gasthaus-Inschrift lautet: Wenn Rippe und Schinken im Sauerkraut winken, dann denke in Liebe und Treu an die geschlacheten Säu!

Und ein Rätsel heißt: Dö erste frißt, der zwoate ißt, s dritte wird gfressn, und s ganze wird gessn: (Sau-er-kraut).

Selbst im Volkslied begegnen wir dem Schwein: „D Sau, d Sau hat an schweinern Kopf und, und an Schwoaf aa...!“

Auch in sagenhaften Überlieferungen erscheint das Schwein, wie zum Beispiel in einer Sage aus dem Gäubodendorf Sünching, wo ein ungetreuer Schneidergeselle von einer schwarzen Sau (dem Teufel?) entführt wird.

Eine bayerische Legende zeigt auf, wie der Teufel unter anderem mit Schweineblut das Bier verdorben hat, so daß sich manche, die ein bißchen mehr davon erwischen, aufführn wia d Säu und recht schweinigln.

Auch in den sogenannten Kalendergeschichten taucht immer wieder das Schwein auf. Eine besonders ansprechende hat Georg Britting geschrieben. Er erzählt von einem Franzosen, den der 70er Krieg nach Regensburg verschlagen hatte und der sich auf dem Saumarkt in der Wahlenstraße (seit dem frühen Mittelalter die Straße der Händler) ein rosiges Spanferkel gekauft hatte, das ihm aber alsogleich entwischte und in den finsteren Gassen der Altstadt verschwand. Der Franzmann soll es händeringend mit folgenden Worten gesucht haben: „Aben Sie nicht gesehen kleine Person, vorne oi-oi und hinten dirrididldi...!"

Versoffene Bierurscheln und verlorene Täuflinge

Bedenkliches über die Wirkung des „braunen Sepp"

Wie recht der bayerische Staatsrechtler Wiguläus Kreittmayr hatte, als er das Bier das fünfte Element in Bayern nannte, zeigt eine Reihe ergötzlicher Anekdoten über den edlen Gerstensaft.

Als der iroschottische Missionar Kolumban zum erstenmal auf heidnische Alemannen traf, fand er sie – so wird berichtet – um ein riesiges Faß versammelt, das sie zu Ehren Wotans leerten. Dementsprechend läßt auch der Dichter des altsächsischen „Heliand" (um 830) Jesus bei der Hochzeit von Kana Wasser in Bier verwandeln.

In diesem Zusammenhang fällt auf, daß die Germanen weder für „Bier" noch für „brauen", „Malz" oder „Würze" Fremdwörter verwendeten, wie sie das sonst für eine Reihe von (eingeführten) Lebensmitteln und Verarbeitungsmethoden taten.

In den sogenannten Kapitularien Karls des Großen (768 – 814) wird der Bierbrauer in der Liste der Handwerker aufgeführt, das heißt die Bierherstellung war zumindest zum Teil aus dem Aufgabengebiet der Hausfrau herausgelöst.

Wahrscheinlich wurde schon in den ersten bayerischen Benediktinerklöstern Bier gebraut. Auf einem erhalten gebliebenen Grundriß des Klosters St. Gallen (aus der ersten Hälfte des 9. Jahrhunderts) sind drei Brauhäuser eingezeichnet. Im ersten wurde das Bier für die Mönche gebraut, im zweiten das für die Pilger und im dritten das für vornehme Gäste.

Offizielle Schankrechtsverleihungen stammen allerdings meist erst aus späterer Zeit, so zum Beispiel an die Klöster Weihenstephan (1040), Weltenburg (1050), Metten und Niederaltaich. Als erste Regensburger Klosterbrauerei wird 1277 die des Frauenklosters Hl. Kreuz genannt. Kaiser Friedrich II. gestand aber 1230 jedem Regensburger Bürger das Recht zu, Bier für den Verbrauch in der eigenen Familie zu brauen.

Bereits um 580 hatte Venantius Fortunatus gegen die Franken am Rhein gewettert, daß sie sich „wie Rasende" um die Wette zutränken. Karl der Große sah sich genötigt, einen Armeebefehl zu erlassen, in dem er seinen Kriegern verbot, sich zuzutrinken. Und am Ende des Mittelalters notierte der Ritter Hans von Schweinichen in seinen Erinnerungen an mehreren Stellen: „Heut wieder einen guten Rausch gehabt!" 1495 berichtete ein Chronist vom Reichstag zu Worms: „Es haben sich auch die Edelleut mit Saufen auf diesem Reichstag ziemlich säuisch gehalten..."

Im Januar 1627 verbot der Bischof von Eichstätt, daß in seinem Hochstift Weißbier ausgeschenkt werde. Er nannte es ein furchtbares Gesöff, das den Bauern den Bauch auftreibe und die Eingeweide schädige. Seines Druckes, behauptete er, könne man sich nur dadurch entledigen, daß man die angesammelte Luft mühsam aus allen Leibesöffnungen ausstoße. Zeitgenossen glaubten aber, noch mehr als das Weißbier habe den Bischof der Rückgang der Umsätze seiner Braunbierbrauerei bedrückt.

Im 17. Jahrhundert scheint in manchen Teilen Bayerns die Trunksucht überhand genommen zu haben. Die Augsburger

Bürger zum Beispiel schafften sich Wägelchen an, mit denen die übermäßigen Zecher nach Hause gefahren werden konnten.

Frauen, die einen über den Durst getrunken hatten, wurden an den Pranger gestellt und mußten ein Stirnband mit der Aufschrift „Versoffene Bierurschel" tragen. 1661 wurde durch obrigkeitliche Anordnung verboten, daß Taufgesellschaften in jedem Wirtshaus anhielten, „dermalen dieß die Ursach ist, daß so oft die Täuflinge verlorengehen".

Der niederbayeische Geistliche Joseph Schlicht stellte 1875 in seinem Buch „Bayerisch Land und Bayerisch Volk" eine „Rauschtafel" mit 26 Arten von Räuschen vor. Sie beginnt mit dem „Spitzl" (für 24 Kreuzer), kommt über den „Brand" (ein Gulden, 24 Kreuzer), zum „Bauernrausch" (zwei Gulden, zwölf Kreuzer) und endet schließlich beim „Saurausch" (zwei Gulden, 42 Kreuzer).

Auch Marterlinschriften erzählen vom übermäßigen Bierkonsum – und von der Strafe für Bierpantscher:

Hier ist ein Platz der Trauer!
Josf Linner, Hilzenbauer,
erlitt hier böses Weh,
er stürzte in den See.
Er hat mit allzu vieler Gier
so lange übern Durst getrunken
das helle und das dunkle Bier
bis unters Wasser gesunken.

Hier ruht in Gott der Scherer Toni;
ach, er ertrank, man fand ihn nie!
Zu schwer fast muß er büßen hier:
er starb an selbstgebrautem Bier.
Nun liegt er hier, der Bierverhunzer,
bet, Christ, fünf Vaterunser.

Wie man aber andererseits beim Bier auch in nahezu aussichtslosen Situationen Trost finden konnte, zeigte Joseph Schlicht an den Mariaposchingern auf, die bei Hochwasser und Eisstößen zunächst ihr Vieh in höhergelegene Scheunenviertel und ihren geringen Hausrat auf den Dachboden brachten, dann aber mit der Zille ins Wirtshaus fuhren, wo sie auf dem Tanzboden Karten spielten und tranken, bis draußen auf der Donau die Gefahr vorübergezogen war. Der Wirt freilich soll dann jedesmal geseufzt haben: „Wenn uns dennerscht der Herrgott net bloß im Februar und im März, sondern aa im Sommer an so an schönen Eisstoß schickert!"

Und wie steht es in der Gaststube des Wirtshauses von Niedersüßenbach (bei Landshut) hinter Glas und Rahmen zu lesen?

Gott segne deinen Eingang,
wenn du Durst hast,
und deinen Ausgang,
wenn du bezahlt hast!

„A Pfund Maikäferleber und an Liter Maurerschwietz!"

Kommt der Aprilscherz aus der Kirche?

Wohl jeder von uns erinnert sich, als Kind (oder auch noch als Erwachsener) schon einmal von Eltern, Nachbarn oder Bekannten in den April geschickt worden zu sein. Beliebte Aufträge für Kinder sind/waren das Einholen von Haumiblau, Ibidum, von Atnschmier (Schmierstoff für die Egge), Radioöl, gedörrtem Schnee, einer Portion Oxdrahdium, einem Eimer Mucknfett, einem Pfund Krebsschmalz, einem Haferl Igelsamen oder einem Flascherl Fischbluat. Andere „Anschaffungen" waren Vierkantkugeln, Gewichte für die Wasserwaage, Bachstelzenfersenfett, Maikäferleber (vom Roßmetzger!), ein Pfund Stecknadelsamen oder ein Liter Mauererschwietz.

Bei kaum einem anderen Brauch gibt es aber so viele Mutmaßungen über seine Herkunft und Unklarheiten über seine Entstehung, wie beim Aprilscherz. Es hat den Anschein, als schicke der Brauch selber die Historiker und Volkskundler in den April.

So hat man zum Beispiel schon eine Verlegung des Neujahrsfestes vom 1. April auf den 1. Januar als auslösendes Moment angenommen, oder eine auf dem Reichstag von Augsburg 1530 angekündigte, aber nicht durchgeführte Währungsreform zum 1. April, die anscheinend zahlreiche Spekulanten auf die Nase fallen ließ.

Wahrscheinlicher ist allerdings eine Herkunft aus anderen Bereichen. So könnte es sein, daß der Brauch seinen Ursprung im spielfreudigen Mittelalter hat, wo auch bei geistlichen Spielen (in der Kirche) mit der Zeit so viele „Slapsticks" und derbe Späße eingebaut wurden, daß die Aufführungen schließlich aus dem Kirchenraum verbannt werden mußten.

Möglicherweise sind Passionsspiele mit dem Hin- und Herschicken Christi „von Pontius zu Pilatus" der Auslöser für das In-den-April-schicken. Wenn man bedenkt, welche Auswirkungen solche Spiele sogar bis in die Namensgebung hatten (vergleiche Familiennamen wie Herrgott, Engel, Teufel, Pilatus), wäre das nicht verwunderlich.

Nach altem Glauben soll die Muttergottes am 1. April zu ihrer Base Elisabeth über das Gebirge gegangen sein. Deshalb unternahm man an diesem Tag ebenfalls Wallfahrten. Wer aus Bequemlichkeit oder Gleichgültigkeit zu Hause blieb, den ließ man einen „Schneidergang" tun, damit auch er nicht auf der faulen Haut liegen konnte.

Eine weitere Entstehungsmöglichkeit sieht man im risus paschalis, dem „Ostergelächter": Im Mittelalter erzählten die Prediger am Ostertag lustige Geschichten, um das Kirchenvolk nach den Tagen der Fastenzeit wieder etwas aufzuheitern. In weit verbreiteten Schwänken dieser Zeit stellte der Bauer dem „dummen Teufel" Aufgaben wie: den Wind einfangen und gelb anstreichen, oder einen Strick aus Sand drehen und ähnliches. Vielleicht sind ganz einfach solche Schwankerzählungen der Ausgangspunkt für das In-den-April-schicken.

Wie der Winzerer Palmesel baden ging

Der hölzerne Palmesel mit der darauf sitzenden Christusfigur gehörte in früheren Jahrhunderten zur Grundausstattung jeder bayerischen Pfarrkirche. Am Palmsonntag wurde diese Figurenkombination in einer feierlichen Prozession durch das Dorf geleitet, um auf diese Weise dem Christenvolk das biblische Ereignis sinnenfällig vor Augen zu führen. Mancherorts diente dieser Palmesel den Ministranten auch als unentbehrliches Requisit für das Einsammeln der „roten Eier" und anderer nahrhafter Zuwendungen an die „Lausbuben Gottes".

Wie der Auffahrtschristus und die Taube aus dem Heiliggeistloch fiel aber auch der Palmesel aufklärerischen „Eselsmetzgern" zum Opfer. Nur in einigen wenigen Pfarreien hat sich dieses kirchliche Brauchtum in unsere Zeit herübergerettet.

Es mag um die Jahrhundertwende gewesen sein, daß es sich die Ministranten des passauischen Pfarrdorfes Winzer – wohl der zu erwartenden Reichnisse wegen – in den Kopf gesetzt hatten, in der heiligen Karwoche mit ihrem Palmesel auch einen zur Pfarrei gehörigen, aber jenseits des Stromes liegenden Einödhof aufzusuchen. (Solche ausmärkischen Gebiete verdanken, wie man weiß, ihre ungewöhnlichen besitzrechtlichen Zugehörungen meist einer der zahlreichen Donauverlagerungen früherer Zeiten.)

Als nun die rotberockte muntere Schar mit dem Foam (Fähre) über die Donau setzte wie weiland der Raubritter von Hilgartsberg mit seiner verwegenen Mannschaft, kam ein ausgemachter Fürwitz auf den Gedanken, den Herrn Jesus – wie in drei der vier heiligen Evangelien beschrieben – nicht nur auf dem galiläischen See Genesareth, sondern auch einmal auf der niederbayerischen Donau über das Wasser wandeln zu lassen, und zwar – der kirchlichen Festzeit und dem Herkommen angemessen – sitzend auf der Eselin.

Es kam, wie es kommen mußte: Wunder lassen sich nicht beliebig wiederholen, und außerdem war es ja nicht der Herrgott persönlich, sondern nur sein hölzernes Abbild, das da durch die Fluten pflügte. Denn kaum hatte man die beiden Figuren dem nassen Element überantwortet, begannen sie tiefer und tiefer zu sinken. Durch einen raschen, beherzten Zugriff war schließlich gerade noch die Christusstatue vor dem drohenden Untergang zu retten, das Reittier dagegen versank in der gerade hier recht reißenden Strömung, – lediglich das halbverrottete Zaumzeug blieb in den Händen der verdutzten Ministranten zurück.

Mag sein, daß die Winzerer Eselin damals bis ins Land der Türken geschwommen ist, wo sie vielleicht eines Tages ein frommer Muselmann aus dem Wasser fischte und nicht recht wußte, was er mit dem hölzernen Tier anfangen sollte.

St. Jakobus, der Kornpatron

Eine Legende aus der südlichen Oberpfalz

Do san amol dö zwölf Apostl durch a Kornfeld gangen. Mittndurch. Is glei der Bauer kemma und hat gsagt: „Wenns scho durch a Kornfeld geh mejßts, nachher taats wenigstns an Hout owa!"

Olle habn gfolgt, bis af n Apostl Jakobus. Der hat gsagt: „I tou mein Hout net gern owa. Wenn i n afloussn derf, nachher mach i euch Bauern an Kornpatron…"

Der Bauer hat gsagt: „Einverstandn! Du derfst an Hout obnloussn, wennst af unsere Felder afschaust!"

Seit derer Zeit is der Apostl Jakobus net bloß der Pilger-, sondern aa der Kornpatron und hat als oanziger Heiliger an Hout af. Und dös sogar in der Kircha!

Niederbayerisches

Hörts zua, i möchts euch alle sagn,
wia glückli daß i bin und froh
über unsern Herrgott im Himmi:
ohne eahm waar koa Lebn in mir.

I bin zwar grad sei kloane Dirn,
aber eahm hat dös nix ausgmacht,
und i derf jetz a Beispui sei
für alle Menschn, dö nach mir kemma:

Der Herrgott hat mi afghobn,
hat mi angschaut und gernghabt.
Wia kann i eahm no grad dankbar sei,
eahm, dem Allerheiligstn ?

Er hat si über alle derbarmt,
über dö Kloan, über dö Groußn,
über dö Gsundn, über dö Krankn,
über alle, dö Ehrfurcht habn vor eahm.

Mit seine starkn Arm
bewirkt er ois af derer Welt.
Aber dö nix wissn wolln vo eahm,
dö werdn aa nix zum lacha habn.

Magnificat

Dö ganz Eibujderischn,
dene wird er s scho zoagn;
aber dö Kloana, dene greift er
kräftig unter d Arm.

Dene, dö Hunger habn,
gibt er vo seim Vorrat ab;
aber dö Reichn, dö nimmer wissn,
wo aus und wo o, – dö laßt er steh.

Dö Knecht könna si jederzeit
verlassn af den Herrn.
Es is no koa oanziger
enttäuscht wordn vo eahm,

– grad a so, wia er s daselmst
unserne Vorfahrn versprocha hat,
an Abraham und alle,
dö von dem Ur-Vater abstamma.

Ja, eahm soll d Ehr sei
und seim Sohn und in Heilign Geist;
so wia vo Anfang o bis jetz,
so vo jetz bis in d Ewigkeit.

Ja, a so sollt s sei!

Die stillste Zeit im Jahr

Allerweil wenn s Winter wird,
kimmt aa in unserm Dorf
schö langsam und schö hoamli
die stillste Zeit im Jahr.

Der Trachtnverein fangt meistns
mit am bayerischen Hoagartn o,
der Theaterclub halt nachher
an adventliche Sitzweil;

der OGV verteilt die Medaillen
vom Blumenschmuckwettbewerb,
und der Schützenverein hat
sei traditionelles Weihnachtsschiaßn.

Beim Kirchnchor steht dafür
a Weihnachtssingen afm Programm
und beim TSV und beim VdK
ein gemütliches Beisammensein.

D Schneeflöckchen fliagn grad a so,
d Glockn bimmln und läutn,
d Engerl hörst Halleluja jauchzn,
und weihnachtlich glänzet der Wald.

Die Freiwillige Feuerwehr bessert
ihre angschlagna Finanzn
mit ana Christbaamversteigerung af,
wia s halt a so der Brauch is.

Dann kimmt no der Pfarrgemeinderat,
d Arbeiterwohlfahrt, der Kleingartnverein
und der Elternbeirat von der Grund-
und von der Verbandshauptschul.

Kannst as dir scho als Mitglied
net leistn, daß d net hingehst,
vui weniger als Gemeinde- und Kreisrat,
wennst wieder gwählt werdn wuist.

„Froh bin i, wenn s wieder um is,
die stillste Zeit im Jahr!“ sagt jeder.
Hat jetz aa oaner vom Advent
oder vo Weihnachtn ebbs gsagt?

Freili: D Stammtischler im Eck
haben „Stille Nacht“ gsunga,
wia s in de Tag wieder amol
gscheid bsuffa san gwen!

Fortschritt

Wennst alle Wörter zählst,
die für s Weihnachtsevangelium
braucht wordn san,
kimmst af net amol 250.

Neulich hab i glesn,
daß a EU-Verordnung
über den Import von Karamel-Bonbons
aus mehr als 25000 Wörter besteht.

Gell, da schaughst!

Christus als Gast beim Bauern

(einer alten russischen Legende nacherzählt)

Da hamad amoj
im hinterstnWojd hint
ojerwei am Hajomd
Bau(er)nleut af d Nocht
in der Stubn drin
an Blootz afghobn,
ojerwei am Hajombd.

Se hamad nämli ognumma,
daß amoj af Weihnochtn
unser Herr Jesus kemma kannt
zum Essn und zum Übernochtn,
bei eahna
im hinterstn Wojd hint,
amoj af Weihnochtn.

Und wej s wieder amoj
um an Tisch umisitzn,
der Bauer und d Bäuerin
und d Kinder und Deanstbotn
und mit m Essn no wartn,
da hörn s a Pumpern und Boussn,
wej s um an Tisch umisitzn...

Und wirkli kimmt oaner daher
mit am zrissna Mantl,
a ganz a scheichtsame Gestalt,
bartert und rinnaugert
und vojer Schnee,
a Mordstrumm Kaarl,
mit am zrissna Mantl...

Owa dö Bau(er)nleut hamad
sein Afzug net weiter beacht,
hamad den Mo af den
freigholtna Blootz gsetzt
und hamad n für n
Herrn Jesus ogschaut;
sinst hamad s nix weiter beacht.

Und wej se später außergstejt hod,
daß dös a Zuchthäusler is,
der sogar amoj an Verwandtn
vo eah umbrocht ghod hod,
haben s n trotzdem bei eah ghojtn;
als wenn s der Herr Jesus gwen waar,
haben s n bei eah ghojtn,

dö Bau(er)nleut
im hinterstn Wojd hint,
dö ganz fest glaubt haben,
daß der Herr Jesus
akrat zu eah kimmt,
amoj af d Nocht af Weihnochtn,
wenn s um an Tisch umisitzn...

(Aufgeschrieben in der Mundart des Vorderen Bayerischen Waldes).

Der älteste bayerische Christbaum

So bekannt der Christbaum heute ist, so unentbehrlich er für ein deutsches Weihnachtsfest zu sein scheint, so unbekannt ist seine Herkunft. Sicher hat er mit frühgeschichtlichem Zweigenbrauchtum zu tun, dem vermutlich auch unser Adventskranz und die Barbarazweige entstammen, aber die Frage, wo zum ersten Mal ein solcher mit Zuckerwerk oder zumindest Äpfeln geschmückter Christbaum auftauchte, kann von keinem Volkskundler zufriedenstellend beantwortet werden. Die Quellenlage ist mehr als dürftig.

Das kommt in erster Linie daher, daß man in früheren Jahrhunderten zwar Rechtsgeschäfte und Kriminalfälle aktenkundig machte, aber kaum Aussagen über Lebensgewohnheiten oder Brauchtum, – es sei denn, zwischen den Zeilen jener Eintragungen hätten sich Hinweise auf solche „Nebensächlichkeiten“ eingeschlichen.

Zurück zu unserem Christbaum: Der Überlieferung nach soll ihn die hl. Hedwig von Andechs 1201 aus Bayern nach Schlesien mitgebracht haben. Dies scheint aber nichts weiter als eine fromme Legende zu sein.

Erst 1494 erwähnt Sebastian Brant in seinem „Narrenschiff“ Tannenreisig bei der Feier des Neujahrsfestes. 1508 wettert der Straßburger Prediger Gailer von Kaisersberg unter anderem gegen ein „danreiß in die Stube legen“, und erst 1597 weist eine Rechnung der Turckheimer Zünfte neben Zechkosten auch Ausgaben für Hostien, Äpfel, gemaltes Papier und Faden zur Ausschmückung des Weihnachtsbaumes aus.

1605 schreibt dann ein Unbekannter in seinem Reisetagebuch, daß man zu Straßburg an Weihnachten Tannenbäume in den Stuben aufrichte und Papierrosen, Äpfel, Oblaten und ähnliches daranhänge. Im gleichen Straßburg nennt allerdings 1642 der Kanzelredner Konrad Dannhauser diese Weihnachtsbäume eine Lappalie, so recht dazu geeignet, vom religiösen Gehalt des Weihnachtsfestes abzulenken. Verständlich, daß wir sie noch nicht in der Kirche finden.

So glaubte man es zumindest bisher, und so ist es auch in einschlägigen Aufsätzen und volkskundlichen Veröffentlichungen zu lesen. Wenn da nicht um 1590 in dem niederbayerischen Gerichtssitz Schwarzach ein Pfarrer gewesen wäre, der in seiner jähzornigen und grobianischen Art nicht gerade das Idealbild eines Geistlichen darstellte. Kein Wunder, daß er deshalb beim Bischöflichen Ordinariat „überschrieben“ wurde, – wie dieses fordernde Verlangen nach Versetzung eines Geistlichen aus der Pfarrei heute noch genannt wird.

Eine 21 Punkte umfassende Beschwerde wurde ausgearbeitet und dem Bischof zur Kenntnis gegeben. Punkt sechs dieses „Memorials“ lautet folgendermaßen:

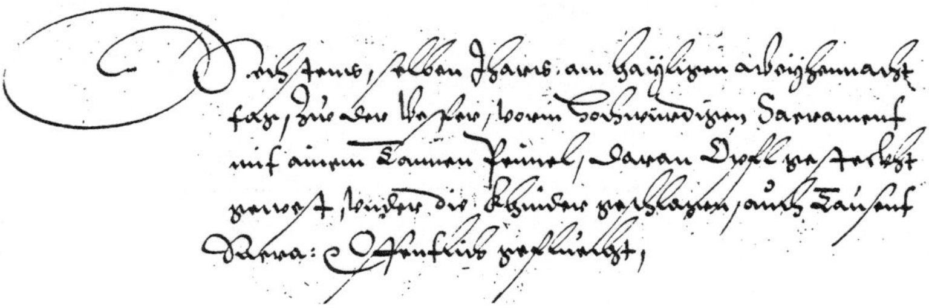

„... selben Jhars am Hayligen Weyhenachttage, zu der Vesper, vorm Hochwürdigen Sacrament mit ainem Tannen Peimel, daran Öpfl gesteckht gewest, under die Khinder geschlagen...“

Das ist nun einer jener seltenen Glücksfälle, auf die der Brauchtumsforscher angewiesen ist: In dem erwähnten Beschwerdebrief wird also dem Pfarrer angekreidet, daß er während des Weihnachtsgottesdienstes mit einem äpfelbestückten Tannenbäumchen auf die unruhigen Kinder eingeschlagen habe, – zweifellos der erste urkundliche Beleg für eine Art Christbaum in der Kirche, und zwar sieben Jahre vor der Erwähnung weihnachtlicher Tannenbäumchen in elsässischen Bürger- und Zunftstuben!

Damit scheinen die Vertreter jener Hypothese Recht zu bekommen, die den Christbaum aus den Paradeisspielen mittelalterlicher Kirchen und Klöster entstanden wissen wollen. Nach ihrer Auffassung wären die heute wieder mehr und mehr auftauchenden Paradeis-Pyramiden Abkömmlinge äpfelbehangener Paradeisbäume des (Spät-)Mittelalters.

Sei dem, wie ihm wolle! In die Geschichte des Christbaums dürfte der jähzornige Pfarrer Wolfgang Schopper aus Schwarzach allemal eingegangen sein. Und neben das Elsaß als urkundliche Heimat des Christbaums rückt nun der Bayerische Wald, der nicht immer in seiner Geschichte in einem kulturellen Abseits lag, wie das noch im vorigen Jahrhundert den Anschein hatte.

's Weihnachtsevangelium af Waldlerisch

Daselmst hod da Kaiser Augustus verlangt, daß in seim ganzn Reich a Volkszählung ghojtn wird. Und zwar is dös die erschte Volkszählung gwen. A gwisser Quirinus hod s gmocht, der is Statthalter vo Syrien gwen.

A jeder hod higeh mejssn zu derer Zählung, und zwar a jeder in sei Hoamat. Weil da Josef aus da Familie vom David ogstammt hod, hod er vo Nazareth – dös is in Galiläa – affi mejssn af Bethlehem, wou da David hergwen is. Bethlehem, dös liegt obn in Judäa. Dort hod er äuso himejssn mit seiner Maria, und dös, obwoj scho ebbs Kloans unterwegs gwen is.

Wejs dort san, no ja, do is ihrer Zeit kemma, und sie hod a Bejberl af d Wejd brocht. Dös hod s in Windl eigwicklt und in a Fuaderkrippn glegt, – weil nämli in dö Wirtschaftn koa Blooz net gwen is.

In dera Gegnd san daselmst Hejter afn Fejd gwen, daß in da Nocht mit eahrane Schoof nix passiert. Do is af oamoj a Engl des Herrn kemma, und a ganz a bsunderne Lejchtn is umadum gwen. Do hamad se natürli oizsamm gscheid gfoachtn. Und do hod nachher da Engl zu eah gsogt: „Fürchts eich dennerscht net a so! Schauts, i bring eich a ganz a grouße Freid, und dö gujt für oizsamm: Heit nacht is in da Davidsstod da Heiland af d Wejd kemma, euer Erlöser. Und dös is da Beweis: Ös werds a kloans

Kind finden, dös wej in Windln eigwicklt is und in a Fuaderkrippn liegt..“

Bojd draaf is zu dem Engl a ganz Regiment anderne Engl kemma, dö hom Gott globt und gsunga:

„Am Herrgott im Himmi soj wieder sei Ehr werdn,
und d Menschheit sojt in Friedn lebn,
und nachher derfat se eigentli nix mehr fajln!“

Der Pröllerbauer

Es wäre ein Unding gewesen, hätten die Waldbauern von der Ahorn- und der Hinterwies ihren Weg jedesmal über den Pröllergipfel genommen, wenn sie am Sonntag in die Pfarrkirche nach Englmar gingen, wo doch die Einöden und das Pfarrdorf nahezu auf gleicher Höhe liegen.

Auf der Südseite des Pröllermassivs zieht sich deshalb seit uralten Zeiten der sog. Kirchenweg hin, heute ein gemütlicher und doch abwechslungsreicher Wanderweg, der in einer knappen Stunde von Englmar nach Ahornwies führt.

Nach den ersten 25 Minuten liegt linkerhand am mäßig geneigten Abhang das längst nicht mehr bewirtschaftete Anwesen des Pröllerbauern. Als sich dieser hagelbuchene Waldler in der Allerseelenzeit einmal maßlos über sein Weib geärgert hatte, sprach er fortan kein Wort mehr mit ihr. Aber auch nicht ein einziges! Die Frau bettelte und weinte, sie betete und fluchte vielleicht auch, aber der Mann blieb stumm. Man arbeitete zusammen, aß zusammen, ging miteinander zu Bett, aber alles geschah ohne Worte.

Nach sieben Wochen hatte die Bäuerin die Hoffnung aufgegeben, daß sich dieser Zustand noch einmal ändern würde, und sie begann sich mit ihrem Los abzufinden.

Da kam der Heilige Abend. Die beiden gingen in die Christmette und kehrten wieder zurück, ohne auch nur ein Wort miteinander gesprochen zu haben. Auf dem Fußboden ihrer Kammer legten sie nach altem Herkommen Stroh aus, um in der

Nacht, in der ihr Herr und Meister auf Stroh gelegen war, nicht in einem Bett zu liegen (obwohl sie auch da auf Stroh geschlafen hätten). Als sich der Bauer auf den Fußboden niederfallen ließ, sagte er urplötzlich: „– und Friede den Menschen, die guten Willens sind ...!“, und von dieser Stunde an hatte er seine Sprache wieder gefunden, und es war, als wenn nichts gewesen wäre.

Ein Weihnachtsbild aus Windberg

Das 1142 gegründete Prämonstratenserkloster Windberg im Donaugau (knappe zwei Gehstunden nordöstlich von Bogen) erlebte bereits gegen Ende des 12. Jahrhunderts eine erste wissenschaftliche und künstlerische Blüte.

Eines der wenigen erhalten gebliebenen Dokumente jener Epoche ist ein Evangelistar der Zeit um 1180, das (anläßlich des 1250jährigen Bestehens des Bistums Regensburg) in der Ausstellung „Ratisbona sacra“ im Regensburger Diözesanmuseum zu betrachten war.

Eine der sechs Deckfarben-Miniaturen (fol.2v) dieses Kodex zeigt auf Goldgrund die Geburt Jesu, – aber noch nicht in der uns seit dem Spätmittelalter vertrauten Umgebung des Stalles, sondern in einer Höhle, jenem Urbild und Archetypus von Schutz und Geborgenheit, das dem Menschengeschlecht nicht nur seit seiner geschichtlichen Frühzeit eingeprägt ist, sondern das jedes einzelne Individuum in seinem pränatalen Leben einmal am eigenen Leib erfahren hat.

Wie eine schützende Aura umgibt diese Fruchtblase des Glaubens das schwer zu verstehende Geheimnis von der jungfräulichen Gottesgebärerin.

Die Krippe im Hintergrund steht dagegen so fest auf dem Boden der Tatsachen, daß sie der spätromanische Künstlermönch wie einen Reliquienschrein auf gemauertem Fundament dargestellt hat, unverrückbar und allen Zweifeln und Anfeindungen trotzend.

Hingebungsvoll und voller Zuneigung beäugen Ochs und Esel das göttliche Kind, das trotz seiner Unbeholfenheit schon der Erlöser der Welt ist.

Der heilige Josef, im wahrsten Sinne des Wortes eine Randfigur dieses Geschehens, stützt in meditativem Gestus seinen Kopf mit der Hand ab, auf diese Weise Mystik und Dogmatik einerseits und Gott und die Welt andererseits miteinander verbindend.

Eingefaßt wird das Bild von einem strengen, aber letztlich doch fließenden zweifarbigen Mäanderband, wie es sich in der Buchmalerei der ausgehenden Romanik immer wieder findet.

Nicht zuletzt ist diese Miniatur Beleg und Beispiel dafür, daß der Bayerische Wald schon seit mehr als 800 Jahren eine (lange Zeit zu Unrecht verkannte) Kulturlandschaft ist.

Ochs und Esel

Der Frater Eusebius, der Einsiedel vom Heilbrünnl, ist ein alter Bitzler und Bastler, der sicher einen ausgezeichneten Schreiner abgegeben hätte, wenn der Herrgott nicht just zu dieser Zeit einen tüchtigen Eremiten gebraucht hätte. Immer, wenn es gegen Weihnachten zuging, kam die große Zeit des Pater Eusebius. Die Krippe, die er jedes Jahr in seiner Wallfahrtskirche aufstellte, suchte ihresgleichen im ganzen Landkreis und bildete einen Anziehungspunkt für groß und klein.

Weil heuer an den Feiertagen – sehr zum Leidwesen der Kinder – noch kein Schnee liegt, hat sich auch die alte Ittlingerin von Neßlbach zu einer Wallfahrt zum Heilbrünnl aufgemacht, um sich wieder einmal dieses fünfte Evangelium anzusehen. „Man weiß ja nicht“, sagt sie, „wie lange das noch geht.“ Und außerdem läßt sich der Frater Eusebius jedes Jahr etwas Neues einfallen. So zum Beispiel hat er heuer zu den übrigen Figuren noch ein paar Häuslleut dazugestellt: einen alten Mann, der Holz hackt, und ein junges Weib, das Stutzbürden haut.

Als die Ittlingerin nach einer guten Stunde die Wallfahrtskirche verläßt, auf wundersame Weise getröstet vom gütigen Blick des Jesuskindes in der Krippe, sitzen zwei Halbstarke auf der Bank vor der Kapelle.

„Du, i hab gar net gwußt“, sagt der ältere der beiden lautstark zu seinem Begleiter, „daß die altn Weiber aa no so gern dös Kinderspielzeug anschaun...“

„Is nachher no alles drin in deiner Scheiß-Krippn?“ fragt dann der jüngere die alte Bäuerin.

„Eigentlich schon", sagt die Ittlingerin kuraschiert, „bis auf Ochs und Esl, die laufn heraußt umanand, hat der hl. Josef gsagt, die san eahm heut nacht auskemma...!"

Unchristliche Gedanken

Manchmal wünsche ich mir,

daß die Staatspräsidenten verfeindeter Mächte gemeinsam eine Woche in einem Käfig verbringen müßten,

daß die Auslöser von Kriegen selber in vorderster Front diese Kriege mitmachen müßten,

daß die Auftraggeber und Produzenten von Landminen tagelang durch ein riesiges Minenfeld zu marschieren hätten,

daß die Hersteller von Giftgas nur eine Viertelstunde ihren Produkten ausgesetzt werden sollten,

daß die Politiker und Militärs, die Hunderttausende von Menschen zur Flucht zwingen, selber solche Elendsmärsche mitmachen müßten, ohne Wasser und Brot, in Hitze und Kälte,

daß die Polizeichefs, die Gefangene foltern lassen, an deren Stelle nur einen Teil dieser Leiden zu erdulden hätten,

daß Herrscher in Entwicklungsländern für jeden Dollar, den sie ungerechterweise in die Schweiz geschafft haben, eine Stunde hart arbeiten müßten,

daß die Regenwald-Abholzer für jeden gefällten Baum mit ihren Händen einen Setzling pflanzen müßten,

aber dann denke ich daran, daß auch ich meine Fehler habe und manches besser machen könnte.

Herr, vergib uns unsere Sünden!

Strohkrippe, gefertigt von Lieselotte Fendl

NACHWORT

Die Quintessenz

Einer alten Geschichte nacherzählt

Als einst in einem fernen Land ein junger wißbegieriger König nach dem Tod seines Vaters die Regentschaft übernommen hatte, befahl er den Gelehrten seines Reiches: „Schreibt für mich und mein Volk alles Wissenswerte auf, das sich bisher auf der Welt zugetragen hat!"

Die Gelehrten machten sich an die Arbeit, forschten in den Archiven, befragten andere Gelehrte und trugen vierzig Jahre lang alles Erreichbare zusammen und veröffentlichten es schließlich in tausend dicken Bänden.

Der König war inzwischen 60 Jahre alt geworden und sagte zu den Professoren: „Wie soll ich in meinen Leben noch diese tausend Bücher lesen? Geht hin und kürzt eure Bibliothek auf das Wesentliche zusammen!"

Die Gelehrten machten sich wieder an die Arbeit. Nach zehn Jahren hatten sie den Inhalt der tausend Bände auf zehn zusammengestrichen. Als sie ihr Werk dem König vorstellten, sagte der: „Ich bin jetzt 70 Jahre alt, und meine Augen sind schwach geworden. Faßt mir die zehn Bände zu einem zusammen!"

Die Gelehrten gingen daran, die Quintessenz der Menschheitsgeschichte zu ziehen und kamen damit zum König, als er sich gerade zum Sterben niederlegte.

„Ich habe leider keine Zeit mehr, euren Extrakt zu lesen", sagte er zum Vorsitzenden der Gelehrtenkommission, „fasse bitte die ganze Menschheitsgeschichte in einen einzigen Satz zusammen!"

Da überlegte der Weise eine Zeit lang, dann sagte er zum sterbenden König: „Die Menschen lebten, litten und starben; aber was wirklich zählt und die Zeit überdauert, ist ihre Liebe!"

Bildnachweis:

Die Illustrationen wurden im Lauf der Jahre von folgenden Künstlern für Fendl-Texte geschaffen:
Karl Bedal, Hof (S. 58/59, 75), Prof. Karl Hirsch, Leipzig (S. 95), Ferdinand Kieslinger †, Abensberg (Titelgrafik und Rücktitel, S. 90), Hans Praehofer, München (S. 92, 191), Trude Richter (S. 104, 199), Georg Weiß, Donaustauf (S. 99, 153), Fritz Wurmdobler, Zeitlarn (S. 84/85); das Schriftblatt S. 240/241 gestaltete Benedikt Heigl, Hagelstadt.
Die Fotos S. 39, 41, 46, 176, 177, 178 und 254 stammen vom Autor, die Miniatur S. 251 befindet sich in einem Windberger Evangelistar der Bayerischen Staatsbibliothek München.
Für das Vorsatzpapier wurden zwei Briefe der 1994 tödlich verunglückten Journalistin und Grafikerin Gerlind Bruhn aus den Jahren 1991/92 verwendet.

Gerlind Bruhn
Grafikerin
Vosskamp 13
2000 Hamburg 61
Tel. 550 45 54

Lieber Herr Fendl,

mei -- haben Sie mir eine Freude gemacht mit Ihrem schö——nen Päckchen!! Eigentlich hatte ich garnichts erwartet, schon gleich nicht so etwas!! Leider stecke ich derzeit arg im Streß – Leidgeprüfte Zeichnerinnen kennen keine Feiertage. Deshalb muß es für heute ein blitzekleines Briefchen sein, aber mit einem dicken Dankeschön. Ganz warm ist mir ums Herz geworden von soviel schönem Beirück, aber ich will weiter ausholen, Ihre Texte reizen zum Briefschreiben.

Bankverbindung: Commerzbank Hamburg. BLZ 200 400 00. Konto-Nr.: 3 822 368